Die Zeit der Differenz

Reihe Campus
Band 1038

In bisher nicht gekannter Deutlichkeit macht Luce Irigaray in diesem Buch praktische und konstruktive Vorschläge, wie eine Politik der sexuellen Differenz aussehen könnte. Die Katastrophe von Tschernobyl hat überdeutlich gezeigt, wie die durch Technik manipulierte Natur selbst zerstörerisch wird. Gegen den tödlichen männlichen Diskurs einer Wissenschaft der Spaltung, Desintegration und Destruktion setzt Luce Irigaray einen Diskurs der Liebe, der die Natur der Körper – ihre Sinnlichkeit, ihre Differenz – wieder aufnimmt. Es kommt – mehr denn je – darauf an, daß Frauen die Welt verändern.

Luce Irigaray ist Philosophin, Psychoanalytikerin, Linguistin; sie lehrte in Rotterdam, Bologna und Paris und ist heute Direktorin am »Centre National de la recherche scientifique« (CNRS). Wichtigste Publikationen: *Speculum*, Frankfurt 1980; *Zur Geschlechterdifferenz*, Wien 1987; *Genealogie der Geschlechter*, Freiburg 1989.

Luce Irigaray

Die Zeit der Differenz

Für eine friedliche Revolution

Aus dem Französischen von Xenia Rajewsky

Campus Verlag · Frankfurt/New York
Editions de la Maison des Sciences de l'Homme · Paris

Die Originalausgabe *Le Temps de la differérence* erschien 1989 bei Librairie Générale Française.

Der Beitrag »Eine Chance zu leben« ist zuerst erschienen in: *Genealogie der Geschlechter*. Kore, Verlag Traute Hensch, Freiburg 1989. Wir danken Kore, Verlag Traute Hensch, für die Abdruckgenehmigung.

Dieses Buch erscheint im Rahmen eines 1985 getroffenen Abkommens zwischen der Wissenschaftsstiftung Maison des Sciences de l'Homme und dem Campus Verlag. Das Abkommen beinhaltet die Übersetzung und gemeinsame Publikation deutscher und französischer geistes- und sozialwissenschaftlicher Werke, die in enger Zusammenarbeit mit Forschungseinrichtungen beider Länder ausgewählt werden.

Cet ouvrage est publié dans le cadre d'un accord passé en 1985 entre la Fondation de la Maison des Sciences de l'Homme et le Campus Verlag. Cet accord comprend la traduction et la publication en commun d'ouvrages allemands et français dans le domaine des sciences sociales et humaines. Ils seront choisis en collaboration avec des institutions de recherche des deux pays.

CIP-Titelaufnahme der Deutschen Bibliothek

Irigaray, Luce:
Die Zeit der Differenz: für eine friedliche Revolution/ Luce Irigaray. Aus dem Franz. von Xenia Rajewsky. – Dt. Erstausg. – Frankfurt/Main; New York: Campus Verl.; Paris: Ed. de la Maison des Sciences de l'Homme, 1991
(Reihe Campus; Bd. 1038)
Einheitssacht.: Le Temps de la différence <dt.>
ISBN 3-593-34437-8 (Campus)
ISBN 2-7351-0414-1 (Ed. de la Maison des Sciences de l'Homme)
NE: GT

Deutsche Erstausgabe

Umschlaggestaltung: Atelier Warminski, Büdingen
Umschlagabbildung: Flötenspielerin vom Thron der Venus, Rom, Thermenmuseum
Satz: Fotosatz Leingärtner, Nabburg/Neusath
Druck und Bindung: Friedrich Pustet, Regensburg
Printed in Germany

Inhalt

Vorwort 7

Einleitung 13

Eine Chance zu leben 21

Wie werden Frauen Bürgerinnen? 59

Bürgerliche Rechte und Pflichten für beide Geschlechter 91

Das vergessene Geheimnis der weiblichen Genealogien 117

Zeitplan der Vorträge 143

Vorwort

Das Denken der Geschlechterdifferenz ist in Italien* selbstverständlicher als in Frankreich oder in Deutschland. Die Geschlechterdifferenz ist dort Gegenstand öffentlicher und politischer Debatten im strikten Sinn. Sie ist Programm der sogenannten autonomen Frauenbewegung, der es darum geht, eine spezifische Identität für die Frauen zu schaffen, und zwar außerhalb aller gemischten Zusammenhänge der Geschlechter oder vor der Rückkehr zu ihnen. Die Geschlechterdifferenz stellt außerdem, auch in den Reden von Männern, eine politische Zielsetzung dar, insbesondere für die Kommunistische Partei Italiens. Und der apostolische Brief von Johannes Paul II. zur Würde der Frau (Mulieris dignitatem, Herbst 1988) macht deutlich, daß auch er die Frage der Geschlechterdifferenz in Italien nicht mit Schweigen übergehen kann. Als Antwort auf feministische Theologinnen in Italien und anderswo versucht Johannes Paul II. zu sagen – mir scheint, nicht ohne den Sinn der Inkarnation ein wenig aus den Augen zu verlieren –, daß Mann und Frau eins sind und daß jede Form von Hierarchie zwischen ihnen Folge der (Erb-) Sünde sei. Diese wäre also allgegenwärtig.

Man glaube jedoch nicht, daß es in Italien keine Konflikte um diesen Punkt gäbe, insbesondere zwischen Katholiken

* Die erste Version dieses Textes wurde in italienischer Sprache veröffentlicht (Editori Riuniti, Juli 1989).

und Kommunisten. Wenn die Kommunistische Partei Italiens in bezug auf die politischen und kulturellen Optionen eine so eigenständige Position hat, wenn sie sich so stark von anderen Kommunistischen Parteien unterscheidet bis hin zu dem Punkt, daß sie daran denkt, ihren Namen zu ändern, um ihre Eigenheit zu betonen, wenn sie Beziehungen mit Katholiken unterhält, falls diese möglich sind, so beweist gerade ihre Position zu Problemen wie dem Recht auf Abtreibung und der Gesetzgebung zu jeder Form sexueller Gewalt, daß ihre Bündnisse gerade in der Frage der Geschlechterdifferenz nichts von einem Zugeständnis haben. Die Frage ist da, unumgehbar, sie ist in der Lage, eine Regierung über einen Punkt der Gesetzgebung hinsichtlich der Rechtslage der Beziehungen zwischen den Geschlechtern stürzen zu lassen. Sie stiftet Bündnisse zwischen den Parteien und der Kirche und löst sie auf. Sie ist in der Abgeordnetenkammer und im Senat präsent, in den Gewerkschaften, auf den politischen Kongressen, in der Universität, in der Presse. Sie stellt eine politische und kulturelle Kraft dar, deren Existenz unmöglich zu leugnen ist.

Überschreitet man die Grenze, existiert die Geschlechterdifferenz nicht mehr! Wir wären alle gleich. Wir würden fortan dieselben Rechte genießen: Männer und Frauen wären ebenbürtig.

Offensichtlich handelt es sich nicht um die gleiche Differenz. Die Hierarchie vor der (nunmehr errungenen) Gleichheit und die geschlechtliche Identität von Frauen und Männern, die ihrem Geschlecht entsprechende Rechte genießen, bezeichnen nicht die gleiche Realität. Und im Namen einer hypothetischen gesellschaftlichen Gleichheit zu leugnen, daß Frauen und Männer verschieden sind, entspricht einer Täuschung, einer Voreingenommenheit zugunsten einer – unmöglichen – Spaltung zwischen privatem Leben und gesellschaftlicher Identität. Wenn wir das Bett verlassen oder die Schwelle des Hauses überschreiten, sollen wir auf geheimnisvolle Weise eingeschlechtlich oder asexuell werden.

Aber wird das auch wirklich geglaubt? Vielleicht ist die *Allgemeine Erklärung der Menschenrechte* ein bewegender Text, aber ich als Frau fühle mich vom ersten Artikel an nicht mehr als »Mensch«. Tatsächlich bin ich nicht »frei und nach Würde und Rechten den anderen Menschen gleich« geboren. Ich habe Probleme mit der weiblichen Identität, die das heutige Recht nicht löst. Ich kann mich von dieser »allgemeinen« Verfassung nur angesprochen fühlen, wenn ich auf mein Geschlecht und seine Besonderheiten verzichte, wenn ich außerdem all die Frauen vergesse, die nicht das Minimum an bürgerlicher Freiheit genießen, über das ich verfüge.

Kurioserweise ist die Blindheit gegenüber diesem Punkt in manchen Ländern, darunter Frankreich, nahezu total. Kollektive Psychose oder Zynismus – die sexuelle Differenz, die der elementarsten menschlichen Realität entspricht, wird als ein nahezu inexistentes Problem behandelt.

Dennoch, wenn wir das Experiment einer Lektüre der Allgemeinen Erklärung der Menschenrechte ein wenig weiter treiben, frage ich mich bei Artikel 12, wie das »Privatleben« definiert wird und auf welche Weise die nationale oder internationale Rechtsprechung die Gewalttätigkeit eines Mannes oder eines Liebhabers gegenüber einer Frau behandelt? Der Artikel 21 bringt mich schlicht zum Lachen: »Jede Person hat das Recht, sich unter gleichen Bedingungen um die öffentlichen Ämter ihres Landes zu bewerben.« Warum dann so wenige Frauen in den leitenden politischen Ämtern? Weil sie nicht wollen? Vielleicht, weil ihnen alle Probleme der »Familie« aufgebürdet werden. Es gibt also keine »gleichen Bedingungen«.

Kehren wir zu Artikel 17 zurück: »Niemand darf willkürlich seines Eigentums beraubt werden.« Natürlich nicht. Aber was ist unter diesem Gesichtspunkt die Vergewaltigung? Und der Gebrauch meines nackten Körpers für die Werbung in der Metro? Die Ausbeutung des Frauenkörpers durch die pornographischen Medien? Artikel 7: »Alle sind gleich vor dem Gesetz und haben ohne Unterschied das Recht auf Schutz vor jeder Diskriminierung, die diese Deklaration verletzt, und vor jeder Aufforderung zu einer solchen Diskriminierung.« An wen soll ich mich wenden, um die Ungleichheit der Behandlung meines Körpers im Vergleich zu dem eines Mannes anzuzeigen? Wer ist die »zuständige nationale Gerichtsbarkeit, die mir helfen kann« gegen diese oder eine andere Mißachtung meiner physischen und moralischen Integrität? Und meine »Rechtspersönlichkeit« (Art. 6), was ist sie eigentlich? Und wie soll sie vor »grausamen, unmenschlichen oder erniedrigenden Strafen oder Behandlungen«, seien sie körperlicher oder geistiger Art, geschützt werden? Und wenn ich mich in meiner Arbeit, wenn ich nicht das Gleiche sage wie die »Männer«, den verschiedensten Mißhandlungen ausgeliefert sehe, an wen soll ich mich wenden? Soll ich auswandern? Die Nationalität wechseln? Oder schweigen?

Aber Artikel 27 besagt: »Jeder hat ein Recht auf Schutz der moralischen und materiellen Interessen, die sich aus seiner wissenschaftlichen, literarischen oder künstlerischen Produktion ergeben.« Dabei frage ich mich nur, was »moralisch« besagen soll? Ich weiß doch seit langem, daß das Gesetz »gleicher Lohn für gleiche Arbeit« keineswegs »gleich« für beide Geschlechter angewendet wird (Art. 23,2).

Kommen wir auf das elementare Leben zurück, wenn ich das so sagen darf: »Jedes Individuum hat das Recht auf Leben, Freiheit und Sicherheit seiner Person« (Art. 3). Wo? In welchem Kontext? Zu welcher Zeit? Ebenso das Recht, »sich frei zu bewegen« (Art. 13): Ich habe auf meine Kosten lernen müssen, daß dies nicht mein Recht ist. Mehr als korrekt gekleidet, geradezu eingemummt, wurde ich mitten im Winter auf der *Rue de Commerce* zwei Schritte von meiner Wohnung entfernt belästigt. Aber auch brav im Haus, bei geöffnetem Fenster (darf ich das?), frage ich mich, ob die Flugzeuge, die unablässig, egal, wo ich bin, über mich hinwegfliegen, nicht meine Sicherheit, mein Leben bedrohen. Gar nicht zu sprechen von meiner Freiheit ... Das ist gut für irgendwelche Phantasien oder Feste ab und zu, für die Großen. Ich bin noch zu klein dafür. Eines Tages vielleicht. In einer anderen Welt oder einer anderen Geschichte?

Kurz, diese bewegende *Erklärung der Menschenrechte* hat für meine alltägliche Realität als Frau nahezu keine Bedeutung. Und ich bin nicht einmal den sexuellen »Folterungen« (Art. 5) ausgesetzt, die manche meiner Schwestern erleiden, Folterungen, auf die ich mich berufe, um das Wort zu ergreifen, wenn mir für mich selbst dazu der Mut fehlt. Ich behaupte dennoch, daß ich es hier, wo ich lebe, tun muß und daß unsere zivilisierten Kulturen, die auf Gedeih und Verderb ein Industrialisierungsmodell exportiert haben, sich darum kümmern könnten, ein gerechtes und exportierbares Rechtsmodell bezüglich der Geschlechterdifferenz auszuarbeiten.

Bestimmte Umgebungen, bestimmte Länder wollen davon nichts wissen. Der Wortlaut allgemeiner und abstrakter Rechte, eher gegen als für (jemand) definiert, wirkt dort als eine Art Sicherheitsdroge, die in der Lage ist, alle Gefahren auszutreiben. Aber geschähe die beste Austreibung nicht durch die Realität? Und insbesondere die Realität, die die Differenz zwischen den Geschlechtern bestimmt? Unter der Bedingung, daß keines der Geschlechter Macht über das andere hat, daß die Grenze der Macht unablässig von ihm zu ihr, von jedem einzelnen Bürger zu jeder einzelnen Bürgerin übergeht, daß sie zwischen den lebendigen Menschen dieser Welt verläuft.

Von einer solchen Realität sind wir weit entfernt. Und alle Gleichheitsslogans entfernen uns weiter von ihr. Diese Slogans befördern meiner Ansicht nach eine totalitäre Ideologie. Die Achtung der Differenz zwischen den Geschlechtern kann uns vor dieser Ideologie bewahren: ohne Repression und Verstümmelung unserer menschlichen Identität. Die vier in diesem Band veröffentlichten Vorträge verdeutlichen politische und kulturelle Elemente für die Ausarbeitung einer Gesellschaft, in der die geschlechtliche Identität mit Gerechtigkeit und gesellschaftlicher Verantwortung behandelt wird. Sie sind zuerst in Italien auf Wunsch der Frauen der Kommunistischen Partei oder der italienischen Linken vorgetragen worden. Aber noch einmal, die Kommunistische Partei Italiens ist ein Ort, den sich nicht vorstellen kann, wer ihn nicht aufgesucht hat. Wie ich bereits geschrieben habe, schlägt hier »ein wenig sichtbares Herz unserer modernen Gesellschaften«*. Und es ist dieses Herz, das sich um die zu respektierende Differenz zwischen Männer und Frauen kümmert, ohne dabei die im Namen der »Gleichheit« erworbenen Rechte zu vergessen. Es geht dabei um eine weitere Etappe der Geschichte, die es gemeinsam anzugehen und zu vollenden gilt.

30. Juni 1989

* Unitá, den 17. September 1988.

Einleitung

Dank einer Einladung Livia Turcos*, 1986 bei dem Fest der Frauen in Tirrenia zu sprechen, habe ich Männer und Frauen der Kommunistischen Partei Italiens auf andere Weise kennengelernt. Die Intelligenz und die Generosität dieser Frauen und Männer hat in mir sehr rasch den Wunsch geweckt, mit ihnen zusammenzuarbeiten. Zudem hat der Unfall von Tschernobyl mich dazu bewegt, meine relative Einsamkeit, in der ich mich auf Grund der Neuheit meines Denkens befand, zu durchbrechen. Ich hatte den Wunsch, meine Vorstellungen in erweiterter Form, nicht nur episodisch oder punktuell zu übermitteln; ich wollte politisch arbeiten in einem Rahmen, in dem zugleich freundschaftliche Aufnahme, Toleranz, Ablehnung von Krieg und Unterdrückung von Menschen und intellektuelle Strenge geübt werden. Die Kommunistische Partei Italiens entsprach nach der Erfahrung, die ich mit ihr gemacht hatte, diesen Kriterien. Ich wollte daher mit den Frauen und Männern dieser Partei zusammenarbeiten.

In den Augen bestimmter Feministinnen scheint das nicht selbstverständlich zu sein. Aber ich habe mich selbst nie einfach als Feministin bezeichnet, und ich stimme heute mit vie-

* Livia Turco gehört der nationalen Führung der Kommunistischen Partei Italiens an. Sie ist gegenwärtig eine der Hauptakteurinnen in der Unterstützung einer Frauenpolitik und einer Politik der Geschlechterdifferenz in Italien.

len Feministinnen nicht überein (diese stellen im übrigen keine homogene Gruppe dar), vor allem, was das Verhältnis von Theorie und Praxis betrifft. Meiner Ansicht nach ist es nicht möglich, sogenannte feministische Universitätskurse abzuhalten, ohne sich mit der Freiheit der Frauen im Zusammenhang mit ihren Rechten auf Verhütung und, wenn notwendig, auf Abtreibung zu beschäftigen. Das ist nur ein Beispiel. Es gibt eine Menge anderer Rechte, die es für die Frauen zu erringen oder anzuwenden gilt, Rechte, die die Identität betreffen, die Arbeit, die Liebe, insbesondere die geschlechtliche Liebe, die Beziehungen zu den Kindern, die Kultur. Tatsächlich überschreitet die Befreiung der Frauen sehr weitgehend die Kämpfe der Feministinnen, die heute allzu oft bei der Kritik am Patriarchat, dem Unter-Frauen-Bleiben oder der Forderung nach Gleichheit mit den Männern verharren, ohne neue Werte vorzuschlagen, die das Leben der sexuellen Differenz mit Gerechtigkeit, mit Zivilität, mit geistiger Fruchtbarkeit erfüllen würden.

Das scheint angesichts gewisser Verfestigungen auch für die Kommunistische Partei Italiens nicht selbstverständlich zu sein. Aber von mehr oder weniger jungen Leuten in dieser Partei gibt es Forderungen, die darauf zielen, die politische Dimension auf andere Weise zu leben. Und die Kommunistische Partei hat insbesondere durch die Reden ihrer Vertreter auf dem 18. Kongreß die Entscheidung zum Ausdruck gebracht, die Ausarbeitung ihres Programms gerade im Bereich der Frauenbefreiung und der Kultur der Geschlechterdifferenz zu verändern.

Diese Veränderungen der politischen Zielsetzungen und der Organisation einer Gesellschaft verlangen eine rigorose Kritik an der patriarchalischen Kultur, einer Kultur, die die männlichen Genealogien und eine Gesellschaft »unter Männern« privilegiert, in der die Frauen nicht als Mündige erscheinen, sondern als Güter des Mannes: als Familiengut, als häusliches, sexuelles, kulturelles Gut. Diese kritische Interpretation der patriarchalischen Organisation bestimmt den ersten Text dieser Sammlung: »Eine Chance zu leben«. Es ist ein Text, der – nach Tschernobyl – geschrieben wurde, um Livia Turcos Aufforderung nachzukommen, »die sexuelle Differenz als Grenze für den Begriff des Allgemeinen und des Neutralen in den Wissenschaften zu denken«.

Will man eine solche Arbeit sinnvoll durchführen, ist eine Analyse der Struktur der Sprache unerläßlich. Tatsächlich ist die Sprache eines der wesentlichen Mittel der Sinnproduktion und der Möglichkeit, soziale Vermittlungen herzustellen – von den zwischenmenschlichen Beziehungen bis hin zu den elaboriertesten politischen Bezügen. Wenn die Sprache den beiden Geschlechtern keine gleichwertige Chance der Rede und der Selbstbewertung bietet, funktioniert sie für die einen als Herrschaftsmittel und für die anderen als Unterwerfungsmittel. Der Aufsatz »Wie werden Frauen Bürgerinnen?« weist auf bestimmte negative Effekte der derzeitigen Struktur unserer romanischen Sprachen auf die Konstitution des weiblichen Subjekts hin (Effekte, die auf verschiedene Weise in den meisten Sprachen wirksam sind), gleich ob es sich um die mögliche Existenz einer Identität für jede Frau handelt, um die Bewertung von arbeitenden Frauen durch die Berufsbezeichnung oder durch die geschlechtlich differenzierte Bestimmung der erworbenen Gegenstände oder Güter. Dieser Text kommt zu dem Schluß, daß es notwendig ist, die Rechte der Frauen neu zu definieren, damit es ihnen möglich wird, die im Namen der Gleichheit erworbenen Rechte ihrer Identität anzupassen. Diese Notwendigkeit, in jedes bürgerliche Gesetzbuch und in jede Charta einer nationalen oder allgemeinen Erklärung der Menschenrechte statt abstrakter Rechte nicht existenter geschlechtsneutraler Individuen den beiden Geschlechtern angemessene Rechte einzuschreiben bzw. sie neu zu definieren, ist das einzige Mittel, damit die Frauen die bereits errungenen Rechte nicht wieder verlieren, sondern sie zur Anwendung bringen und andere, ihrer weiblichen Identität auf spezifische Weise angemessene dazuerwerben: das Recht auf physische und moralische Unverletzlichkeit (das bedeutet das Recht auf körperliche und geistige Unversehrtheit [das Recht auf Virginität] für die Frau selbst), das Recht auf von bürgerlicher und religiöser Bevormundung freie Entscheidung über die Mutterschaft, das Recht auf eine Kultur, die den Frauen entspricht, etc.

Um eine Politik der sexuellen Differenz zu verwirklichen, die vom privaten Leben zwischen den Menschen bis zur Organisation des Gesamtgefüges der Gesellschaft oder der Gesellschaften reicht, ist es angebracht, zwei Ebenen kultureller Veränderungen zu beachten. Einmal die Ebene, die eine lange Perspektive und eine unmittelbare Antwort zugleich erfordert: die Veränderung der symbolischen Vermittlungen. Das bedeutet zum Beispiel die Veränderung der Regeln der Sprache und des Sprachgebrauchs, die die angeblich neutrale männliche Form privilegieren (die als »homme« [Mann] bezeichnete menschliche Gattung, die maskuline Form des Plurals für beide Geschlechter etc.), aber auch der Gewohnheiten im Gebrauch von Bildern, die darauf zielen, den Mann als Bürger, als zivile und religiöse Macht zu respektieren und die Frau als für den Mann verfügbares Geschlechtswesen zu betrachten. So trägt zum Beispiel auf vielen Werbeplakaten der Mann eine Krawatte, und die Frau ist teilweise nackt. Ich gebe ein extremes, aber häufiges Beispiel. Diese Gewohnheiten zu verändern benötigt einen langen Weg, weil es eine Veränderung der Mentalitäten, wie man sagt, erfordert, eine Veränderung der Atmosphäre, der

Stereotypen und der kulturellen Gewohnheiten, etc. Aber es erfordert auch eine unmittelbare Reaktion. Wir alle, Frauen und Männer, können damit beginnen, die Hälfte der Rede den Frauen zu überlassen, den Bildern in der Stadt und im Haus Aufmerksamkeit zu schenken, wir können beginnen, die andere und den anderen zu respektieren, ohne uns selbst zu vergessen.

Aber, um es noch einmal zu sagen, diese Veränderungen brauchen Zeit, und es ist schwierig, sie alle auf einmal zustandezubringen, da sie viel Aufmerksamkeit verlangen. In der Zwischenzeit ist es notwendig, das bürgerliche Recht zu verändern, um beiden Geschlechtern ihre Identität als Bürger *und* Bürgerinnen zu geben. Das entspricht der zweiten Ebene notwendiger Veränderungen. Der Text »Bürgerliche Rechte und Pflichten für beide Geschlechter« handelt von solchen Veränderungen, die es bei der Abfassung des Staatsbürgerrechts zu verwirklichen gilt, damit die Frauen durch das Gesetz geschützte, politisch mündige Bürgerinnen werden, verantwortlich gegenüber der bürgerlichen Gesellschaft und gegenüber denjenigen, die sie konstituieren. Diese Rechte müssen meiner Ansicht nach für unsere westlichen Gesellschaften neu bestimmt und neu geschrieben werden: aus Gründen der individuellen und kollektiven Gerechtigkeit, aber auch, um uns ein Kommunikationsmittel zu schaffen: unter uns und mit Kulturen anderer Religion. Diese Aufgabe hinsichtlich des Rechts auf Identität als Bürgerinnen und Bürger ist eine der dringendsten Aufgaben unserer Epoche, gegenüber den heute lebenden Frauen und Männern ebenso wie gegenüber einer möglichen Zukunft für die nationale und internationale Gemeinschaft der Menschen. Die Vervielfachung der heutigen Rechte spielt sich tatsächlich nahezu ausschließlich im Bereich der Eigentumsrechte ab, insbesondere der Rechte auf Eigentum von Kapital in seinen verschiedenen Formen. Es geht vor allem um das Haben, kaum um das Sein der Menschen: um Frauen und Männer und, ausgehend von einer solchen freien und verantwortlichen menschlichen Identität, um die Beziehungen zwischen ihnen.

Der letzte Text dieser Sammlung, »Das vergessene Geheimnis der weiblichen Genealogien«, versucht, ausgehend von in unserer Kultur immer noch wirksamen mythologischen Bestandteilen, Licht in das Warum eines geschlechtlichen Werdens zu bringen, das so spärlich entfaltet ist und einer männlich-neutralen Libido unterworfen, die die Individuation der erotischen Partner nicht mehr respektiert. Diese Studie vergleicht die Sexualität, wie sie von Freud beschrieben wird, mit mythischen – halb kosmischen, halb göttlichen – Figuren des archaischen Griechenlands und macht deutlich, daß die gegenwärtige erotische Ökonomie von seiten des Mannes immer noch von der Attraktion und dem Verbot des Inzests mit der Mutter beherrscht wird und von der Notwendigkeit, Kinder zu erzeugen, um dem Chaos und dem vom Eros ausgehenden Verlust menschlicher Identität zu entgehen. Diese sexuelle Katastrophe oder Verlorenheit scheint sich aus der Zerstörung religiöser Praktiken und Mythen zu erklären, die die Frau als Liebende betreffen – zum Beispiel Aphrodite – oder die menschlichen und göttlichen Beziehungen zwischen Mutter und Tochter – zum Beispiel Demeter und Kore-Persephone*. Um uns mit einer menschlichen, potentiell göttlichen Sexualität auszustatten, ist es daher notwendig, die heutige Identität jeden Geschlechts noch einmal zu durchlaufen und die Mythen und Religionen auf die Achtung der Geschlechterdifferenz hin zu überprüfen.

* Die Tochter der großen Göttin wechselt in den meisten Versionen des Mythos nach dem Raub durch Hades, den Gott der Unterwelt, den Namen: Kore wird Persephone.

Mein Wunsch ist, daß diese Texte der Verwirklichung einer Politik dienen, die für beide Geschlechter Geltung hat. Ich richte sie insbesondere an meine Freundinnen und Freunde der Kommunistischen Partei Italiens und danke ihnen für die Einladung, bei ihren Festen und Arbeitstreffen frei das Wort zu ergreifen. Ich vertraue sie auch den jungen Mädchen und den jungen Leuten dieser Partei an in der Hoffnung, daß sie ihnen Elemente für die Ausarbeitung eines politischen Denkens liefern, das manchen von denen, die älter sind als sie, die Treue hält und im Hinblick auf eine für die Frauen und Männer dieser Welt lebbare und glückliche Gegenwart und Zukunft neu erarbeitet wird.

6. Juni 1989

Eine Chance zu leben

Tirrenia, 22. Juli 1986

Der Unfall von Tschernobyl hat einen allgemeinen Schock ausgelöst. Die meisten Frauen und Männer haben diesen Unfall als Grenzfall zu einem globalen Chaos erlebt, gleichgültig, ob ihnen die Wirkung bewußt war oder nicht. In der Tat konnte man bis dahin die Hoffnung hegen, daß die allgemeine Verwirrung oder die Entropie* unserer Epoche wenigstens in der Natur eine Regulierung finden würde. Es ist eine ernsthafte wissenschaftliche Hypothese, daß das, was die Herrschaft oder den soziopolitischen Einfluß der Frauen zur Geltung bringt, die beste Lösung für alle ist und der mehr oder weniger blinden Suche von Millionen Menschen entspricht, die sich an das kleinste Fleckchen Grün klammern, als sei es ihre einzige Überlebenschance.

Aber in Tschernobyl ist die Natur zum Zerstörungsträger geworden, jenseits aller Kriege. Das bedeutet, daß nun beide Lösungswege, die Unordnung einzuschränken, in Frage gestellt sind: die *Natur* und der *Krieg*. Die Natur kann ihre energetische und vitale, individuelle und kollektive Regulierungsfunktion nicht mehr aufrechterhalten, wenn die Gefahr der Umweltvergiftung und -verpestung weltweit und tödlich geworden ist. Und der Krieg kann nicht mehr den

---

* Entropie, von griech. entropé: »Wendung nach innen«, bezeichnet das Maß der unumkehrbaren »gebundenen« Energie innerhalb eines geschlossenen (Energie)-Systems. (A.d.Ü.)

Kriegszwecken entsprechend eingesetzt werden, wenn er nicht mehr in den Grenzen eines deklarierten Konflikts gehalten werden kann.

Manche sind angesichts der Verbindung dieser künstlichen Strahlung mit Naturphänomenen wie Hagel, Gewitter, sogar Sonne, von Panik erfaßt worden; andere hatten das Gefühl, sich dagegen wehren zu müssen, Angst vor der Natur zu haben – trotz aller Warnungen in den Medien; die meisten haben empfunden, daß die kulturelle Verwirrnis und Unordnung, in die wir gegen unseren Willen verstrickt sind, unerträglich geworden sind.

Seit diesem Mai habe ich viele körperlich und seelisch kranke Frauen und Männer getroffen. Wir kennen, glaube ich, die mögliche Natur dieser Störungen und ihre Auswirkungen auf unseren Körper und auf die gesamte Natur nicht genau. Was man sagen kann, ist, daß die Unordnung durch Umweltbelastungen, Krankheiten, Verzweiflung und Panik noch gewachsen ist. Man muß daher kulturelle Maßnahmen ergreifen, einfache, aber rasch wirksame, um unsere Kultur wieder ins Gleichgewicht zu bringen. Es geht in der Tat nicht nur um Tschernobyl. Dieser vorhersehbare Unfall, dort oder hier, ist nur symptomatische Folge einer ganzen Reihe von Sachverhalten in unserer Kultur: tatsächlichen und auch theoretischen. Ich werde nur einige anführen, um Ihnen Ihre Ferien nicht zu sehr zu verderben. Aber Unwissenheit, vermischt mit Angst, ist auch bedrohlich. Es ist besser, etwas sachkundig und zu objektiven Entscheidungen fähig zu sein, so minimal diese auch sein mögen.

Was bedeutet es, daß unsere gesamte Kultur von Zerstörung bedroht ist? Sicher, es gibt den zugegebenen Einsatz von Kriegsdrohungen: Sie seien das einzige Mittel, das internationale Gleichgewicht herzustellen, wird uns in Reden dargelegt, deren Aussagewert fraglich ist.

Ich werde auf diesen Punkt zurückkommen. Es wird also unter großem Kapitaleinsatz mit tödlichem Kriegsmaterial hantiert und manipuliert, um den Frieden zu sichern, versichert man uns. Diese kriegerische Form der Gesellschaftsorganisation ist patriarchalen Ursprungs. Sie entsteht nicht von selbst. Sie ist geschlechtlich bestimmt. Aber das technische Zeitalter hat die Kriegswaffen mit einem Vernichtungspotential ausgerüstet, das weit über die zwischen den Patriarchen bestehenden Konflikte und Risiken hinausgeht. Frauen, Kinder, alles was lebt, einschließlich der elementaren Materie, alles ist einbezogen. Und Tod und Zerstörung sind nicht nur auf den Krieg beschränkt. Sie sind auch in den physischen und geistigen Aggressionen enthalten, denen wir permanent ausgesetzt sind. Was wir brauchen, ist ein grundlegender kultureller Wandel, nicht nur eine Entscheidung, die den Krieg als solchen betrifft. Die patriarchalische Kultur ist auf dem Opfer, dem Verbrechen, dem Krieg gegründet. Sie zwingt den Männern den Kampf als Pflicht oder Recht auf; sie müssen Krieg führen, um sich zu ernähren, zu wohnen, um ihren Besitz, ihre Familien und ihr Vaterland als Besitz zu verteidigen. Eine direkt auf den Krieg bezogene Entscheidung des Patriarchats ist notwendig, aber sie reicht für einen kulturellen Wandel bei weitem nicht aus. Das Volk der Männer führt überall und immer mit gutem Gewissen Krieg. Sie sind traditionell Fleisch-, manchmal auch Menschenfresser. Also müssen sie töten, um zu essen, die Natur mehr und mehr unterwerfen, um zu leben oder zu überleben, auf den entferntesten Planeten suchen, was hier und jetzt nicht mehr existiert, und mit allen Mitteln ihr Ausbeutungsterrain hier und dort oben verteidigen. Die Männer schreiten auf dem Weg der Ausbeutung, der Aneignung immer weiter voran, ohne genau zu wissen, wohin sie gehen. Sie holen sich, was sie sich einbilden zu brauchen, ohne sich zu fragen, wer sie sind, und ohne zu überlegen, in welcher Beziehung das, was sie tun, zu ihrer Identität steht.

Um diese Selbstverkennung zu korrigieren, bedarf es, so denke ich, Menschen, die den Männern ebenbürtig sind und ihnen die Möglichkeit geben, sich selbst und ihre Grenzen zu begreifen. Einzig die Frauen können diese Rolle übernehmen. Die Frauen gehören dem patriarchalen Gemeinwesen nicht als wirklich verantwortliche Subjekte an. Daher haben sie die Möglichkeit, diese Kultur zu interpretieren; sie sind weniger in sie eingebunden, ziehen weniger Nutzen aus ihr als die Männer, und sie sind nicht in dem Maße ihr Produkt, daß sie ihr gegenüber blind sind. Auf Grund ihres relativen Ausschlusses aus der Gesellschaft können sie dieser von außen ein objektiveres Bild zurückspiegeln als die Männer. Außerdem dürften die Frauen prinzipiell in keinem hierarchischen Verhältnis zu den Männern stehen, was alle anderen Minoritätsformen potentiell tun. Und es ist eine gänzlich patriarchale, unbewußte oder zynische Herablassung, mit der sich die Politiker, die Theoretiker für sie interessieren, während sie sie gleichzeitig ausbeuten, mit allen Risiken einer Umkehrung innerhalb des Herr-Knecht-Verhältnisses. Diese Dialektik – oder eben das Fehlen dieser Dialektik – ist seit den Anfängen des Patriarchats in die Vater-Sohn-Beziehung eingeschrieben. Als Weg der Befreiung und des Friedens ist sie aus zwei Gründen zum Scheitern verurteilt: Sie basiert 1.) auf der *Genealogie*, die aber ohne ausreichendes Gleichgewicht, resultierend aus einer horizontalen Beziehung zwischen den Geschlechtern, bleibt. Und 2.) *einzig auf der männlichen Genealogie*, was ein dialektisches Verhältnis zwischen den Genealogien und zwischen den männlichen und weiblichen Geschlechtern (genres) verhindert.

Der Zugang zu einer geschlechtlich differenzierten kulturellen und politischen Ethik ist die uns heute verbleibende

Chance. Die Welt befindet sich in einem fragilen ökonomischen und politischen Gleichgewicht. Zudem unterwirft uns die technische Entwicklung derartigen körperlichen Belastungen, daß wir von physischer und psychischer Vernichtung bedroht sind, daß unsere Lebensbedingungen uns weder Ruhe noch Zeit lassen, um nachzudenken, daß wir, egal wie groß unsere tatsächliche Freizeit ist, ständig abgelenkt, zerstreut, vergeßlich sind. Aber die Wissenschaft der Männer kümmert sich weniger um eine Vorbeugung oder um das, was ist, als ums Kurieren. Aus objektiven Gründen der Güterakkumulation, aus Gründen der subjektiven Ökonomie des männlichen Subjekts läßt sie das Ungleichgewicht, die Umweltvergiftung anwachsen und setzt auf die verschiedenen Heilmittel. Sie trägt zur Zerstörung bei, danach kuriert sie mehr oder weniger gut. Aber ein Körper, der gelitten hat, ist nicht mehr der gleiche Körper. Es bleiben Spuren körperlicher und seelischer Traumata, der Verzweiflung und des Wunsches, sich zu rächen, sich wiederholender Apathien. Diese gesamte Ökonomie bezeugt, daß das Leben vergessen, die Schuld gegenüber der Mutter, der mütterlichen Genealogie, gegenüber denen, die die Arbeit der Erzeugung und Erhaltung des Lebens vollbringen, nicht anerkannt wird. Um des Geldes willen kommt es zu einer enormen Vergeudung lebendiger Ressourcen. Aber was ist das Geld, wenn es nicht dem Leben dient? Die Geburtenpolitik verhindert nicht, daß Leben ebenso zwangshaft gegeben wie auch zerstört wird.

Wie kann man diesen Widerspruch, den fundamentalsten in den meisten unserer Gesellschaften, rückgängig machen? Er kann ohne Interpretation seiner patriarchalischen Ursprünge nicht aufgelöst werden. Wir leben in einer Gesellschaft von Männern und unter Männern, die auf der ausschließlichen Achtung der Genealogie von Söhnen und Vätern und auf der Konkurrenz zwischen Brüdern beruht. Das bedeutet, daß unsere Gesellschaften die Genealogie der Frauen in die der Männer einbinden. Die Töchter werden physisch und kulturell von ihren Müttern getrennt, um in die männliche Familie oder entsprechende Institutionen einzutreten. Die Familie im engeren Sinn, die Schule, die Arbeit, der Handel, der Staat, die Informationssysteme, der größte Teil der Freizeit sind nach einer männlichen Ökonomie und nach einem männlichen Recht organisiert. Die geschlechtliche Differenzierung (sexuation), ein grundlegendes Charakteristikum der lebendigen Materie, wird seit Jahrhunderten in unseren Gesellschaften nicht kultiviert, und das technische Zeitalter, in dem wir leben, sucht sie auszulöschen. Es geht nicht nur um die Methoden der künstlichen Reproduktion, sondern um die ganze mechanische Konditionierung, die mechanisierte Umgebung, in der wir leben und die uns nach und nach als lebendige und geschlechtlich differenzierte Wesen neutralisiert. Die Bedeutung, die dem Problem der neuen Reproduktionstechniken beigemessen wird, erscheint mir als eine Form, die Frau noch einmal allein auf die Mutterschaft und das Paar allein auf die Reproduktionsfunktion zu reduzieren. Es gibt im Verhältnis zum technischen Imperialismus auf unserem Planeten viel dringender zu bewältigende Dinge. Die Frauen haben bisher nur der Reproduktion, der Aufzucht und der familialen und sozialen Mutterschaft gedient. Diese Aufgabe wird von den Tieren ebenso gut wahrgenomen, und zwar manchmal gerechter in der Aufgabenteilung und ästhetischer im sexuellen Gebaren. Nur bei den Menschen ist die weibliche Identität nicht oder nicht mehr bekannt. Die Gesellschaft funktioniert nach männlichen Modellen: genealogischen Modellen, sexuellen Modellen.

Ich werde mehrere Beispiele dafür geben, Beispiele aus

verschiedenen, theoretischen und praktischen Bereichen. Jedem Beispiel folgt ein Vorschlag für eine kulturelle Veränderung.

I. Die ersten Beispiele beziehen sich auf die mythologischen, religiösen und symbolischen Grundlagen unserer sozialen und kulturellen Ordnung.

- In allen öffentlichen, zivilen und religiösen Institutionen geht es um den Vater oder die Mutter des Mannes.
- In dem, was man matrilineare Genealogie nennt, soll die Macht bereits der *männlichen* Genealogie innerhalb der Familie der Mutter vorbehalten sein: Es ist der Bruder der Mutter, der verantwortlich und sozial anerkannt ist, also der *Sohn* und nicht die Tochter, und dieser Sohn unterbricht die kulturelle Beziehung Mutter-Tochter.
- Das Inzestverbot zwischen Mutter und Sohn oder zwischen Schwester und Bruder begründet der Anthropologie zufolge die soziale Ordnung.
- Die Beziehungen Vater-Sohn, Mutter-Sohn beherrschen unsere religiösen Modelle. Sicher, die Beziehung Vater-Sohn gilt als vollkommenere; aber für das Christentum repräsentiert das Paar Mutter-Sohn das Paar der Inkarnation Gottes, und es wird an fast allen religiösen Stätten abgebildet, in allen christlichen Messen genannt.
- Nach Freud stellt die Beziehung zwischen Mutter und Sohn das vollkommenste Modell des Begehrens dar, und die Liebe zwischen einer Frau und einem Mann ist nur möglich, wenn die Frau Mutter eines Sohnes geworden ist und wenn sie das, was sie für den kleinen Sohn empfindet, auf ihren Ehemann überträgt. – Etc.

All das ist Teil des gleichen sozio-kulturellen Schemas. Aber nur wenige Mythologen haben die Ursprünge, die Eigenschaften und Funktionen, die Anlässe und Gründe für das Verschwinden der großen Mutter-Tochter-Paare in der Mythologie dargelegt: Demeter-Kore, Klytaimnestra-Iphigenie, Jokaste-Antigone, um nur einige berühmte griechische Figuren am Übergang zur patriarchalischen Zeit zu nennen.

Denjenigen, die sich heute um soziale Gerechtigkeit kümmern, empfehle ich, an allen öffentlichen Stellen schöne Bilder anzubringen, die das (natürliche und spirituelle) Paar: Mutter-Tochter darstellen, ein Paar, das ein sehr spezifisches Verhältnis zur Natur bezeugt. Diese Darstellungen fehlen an allen weltlichen und religiösen Stätten. Es ist eine kulturelle Ungerechtigkeit, die leicht zu beheben ist. Es wird dabei weder Kriege noch Tote, noch Verletzte geben. Es ist eine Geste, die vor jeder Reform der Sprache vollzogen werden kann, die ihrerseits viel mehr Zeit in Anspruch nehmen wird. Diese kulturelle Restauration könnte der Beginn sein, um einen individuellen und kollektiven Identitätsverlust bei den Frauen abzubauen. Sie wird sie von manchem Übel, einschließlich ihrer Verzweiflung, aber auch von ihrer Rivalität und ihrer zerstörerischen Aggressivität heilen. Sie wird ihnen helfen, vom Privaten zum Öffentlichen, von ihrer Familie zu der Gesellschaft, in der sie leben, überzugehen. Dieses Paar wird immer ausgelöscht, selbst da, wo es verehrt wird. So betrifft das Geschehen von Lourdes, das Millionen Pilger oder Touristen, große Menschenansammlungen und viel Geld anzieht, das Verhältnis einer Tochter zu einer göttlichen Mutter. Aber die Mutter wird meistens ohne die Tochter gefeiert, besonders in den Kirchen, aber auch auf den Straßen, und es sind die Männer, die ihren Kult organisieren, die zwischen dieses Verhältnis treten. Aber dieses Geschehnis ruft möglicherweise das Paar: Mutter-Tochter, das vor unserer patriarchalischen Geschichte so bedeutsam war, ins Gedächtnis zurück. Es ist vielleicht – wer weiß? – eine Zukunftsankündigung? Jedenfalls läßt es nicht gleichgültig.

Aber wir dürfen nicht vergessen, daß in der Zeit des weiblichen Rechts das Göttliche und das Menschliche nicht durch ein Jenseits, den »Himmel«, getrennt waren. Das heißt, daß die Religion kein abgetrennter, das Außerirdische betreffender Bereich war. Das Menschliche war und wurde göttlich. Zudem war dieses Göttliche immer an die Natur gebunden. Die »übernatürlichen« Mutter-Tochter-Begegnungen fanden in der Natur statt. Eingebunden in die institutionalisierten Religionen, werden sie kaum in dieser dennoch sehr traditionellen Dimension der Religion der Frauen interpretiert. Weshalb nicht? Was die Frauen angeht, so sind sie, seit Jahrhunderten den patriarchalischen Kirchen unterworfen, der Religion überdrüssig geworden, ohne sich nach ihren göttlichen Ursprüngen zu fragen. Das Patriarchat hat das Menschliche vom Göttlichen getrennt, aber es hat den Frauen auch ihre Göttinnen oder ihre Göttlichkeit genommen. Vor dem Patriarchat waren Frauen und Männer potentiell göttlich, das bedeutet vielleicht *sozial*. In den meisten Traditionen ist jede soziale Organisation religiös. Das Religiöse ermöglicht den Zusammenhalt der Gruppe. In der patriarchalischen Herrschaft drückt sich die Religion durch *Opfer-* oder *Sühneriten* aus. In der Geschichte der Frauen vermischt sich die Religion mit der Kultur des Bodens, des Körpers, des Lebens, des Friedens. Die Religion ist nur deshalb Opium des Volkes, weil sie von dem Volk der Männer als Religion aufgezwungen ist. Tatsächlich ist sie eine Dimension der sozialen Organisation. Aber sie ist völlig anders in der Perspektive der Vergöttlichung – hier und jetzt – der geschlechtlichen Körper. Diese existiert in den Kulturen, in denen Frauen nicht aus der sozialen Organisation ausgeschlossen sind. In Indien zum Beispiel und zu Beginn unserer griechischen Kultur – immerhin sind wir zu einem großen Teil Indoeuropäer/innen – gehörte die Sexualität zur Kultur, war heilig. Außerdem war sie eine wichtige energetische Ressource für Männer und Frauen. Das Patriarchat hat den Frauen das Göttliche genommen. Es hat es sich angeeignet, in Stätten, die nur den Männern vorbehalten sind, und es verdächtigt das Religiöse der Frauen oft der Teufelei.

Aber nur wenige Gelehrte oder Theologen haben sich nach dem Verhältnis der Mutter-Tochter-Paare zur Fruchtbarkeit und ihrer Achtung vor der Natur gefragt. Die Frauen, die der Natur nahe stehen, werden ab einer bestimmten Epoche als Hexen, als Magierinnen angesehen, während zu Beginn unserer Geschichte das Mutter-Tochter-Paar schlicht den für den Kult des Körpers und der natürlichen Elemente verantwortlichen Ort repräsentierte. Die Magie, die Sühneopfer, die Opferriten kommen erst nach der Durchbrechung dieses Verhältnisses zur Natur zustande: dem einzig Allgemeinen, das ohne Hermetik oder Okkultismus zugleich unmittelbar und vermittelt sein kann.

Das männliche Religiöse maskiert eine Aneignung. Diese unterbricht die Beziehung zum natürlichen Universum, ihre Einfachheit wird pervertiert. Sicher, dieses Religiöse versinnbildlicht ein von Männern organisiertes soziales Universum. Aber diese Organisation ist auf einem Opfer gegründet: dem der Natur, dem des geschlechtlichen Körpers, insbesondere dem der Frau. Es erzwingt ein von seinen natürlichen Wurzeln und seiner Umwelt abgeschnittenes Spirituelles. Es kann daher die Menschheit nicht zur Vollendung bringen. Spiritualisieren, Sozialisieren, Kultivieren erfordert, daß man von dem, was ist, ausgeht. Das patriarchalische System tut dies nicht, weil es das, worauf es gegründet ist, auslöschen will: 1) die Machtergreifung, was die Beherrschung des anderen Geschlechts betrifft und 2) eine übermäßige Privilegierung der Familie gegenüber dem geschlechtlich differenzierten Paar.

Würde man heute an allen öffentlichen Stellen Mütter-Töchter-Bilder – nicht kommerzielle Photos, Gemälde, Skulpturen etc. – anbringen, so würde sich darin die Achtung vor der sozialen Ordnung manifestieren. Diese wird nicht von Müttern und *Söhnen* begründet, wie es uns die patriarchalische Kultur darstellt: – mit ihren Jungfräulichkeitsidealen, die ihr vorbehalten und zudem häufig mit Geld aufgewogen werden, mit ihren Fortpflanzungszielen, ihren inzestuösen Spielen und ihrer Reduktion der Liebe auf die natürliche Fruchtbarkeit, die Entladung der sozialen Entropie etc.

Die Unfähigkeit der Frauen, sich zu organisieren, sich untereinander zu verständigen und einen gemeinsamen Willen auszubilden, ruft bei den einen ein Lächeln hervor und entmutigt die anderen. Aber wie sollten sie sich ohne irgendeine Repräsentation und ohne jegliches Beispiel für ein derartiges Bündnis zusammenschließen können? Diese Lücke hat nicht immer bestanden. Es gab eine Zeit, in der Mutter und Tochter ein natürliches und soziales Modell repräsentierten. Dieses Paar war Hüterin der allgemeinen Fruchtbarkeit der Natur und der Beziehung zum Göttlichen. In dieser Epoche bestand die Nahrung aus den Erzeugnissen der Erde. Das Paar Mutter-Tochter garantierte also den Schutz für die Nahrung der Menschen und den Ort des Orakel-Wortes. Dieses Paar bewahrte die Erinnerung an die Vergangenheit: Die Tochter respektierte ihre Mutter, ihre Genealogie. Es trug auch Sorge für die Gegenwart: Die Nahrung wurde durch die Erde hervorgebracht – in Ruhe und Frieden. Die Vorhersage der Zukunft existierte dank der Beziehung der Frauen zum Göttlichen, dank der Weissagung im Orakel.

Waren die Männer durch diese Organisation benachteiligt? Nein. In dieser Achtung vor dem Leben, der Liebe, der Natur wurde keines der Geschlechter durch das andere zerstört. Die beiden Geschlechter liebten einander ohne die Institution der Ehe, ohne Verpflichtung, Kinder zu gebären – was nie die Fortpflanzung verhindert hat – ohne Zensur des Geschlechts und des Körpers.

Das ist es wahrscheinlich, was uns die monotheistischen Religionen als Mythos vom irdischen Paradies überliefern. Dieser Mythos entspricht Jahrhunderten einer Geschichte, die heute prähistorisch, primitive Zeit etc. genannt wird. Diejenigen, die in diesen angeblich archaischen Zeiten lebten, waren möglicherweise kultivierter, als wir es sind. Uns sind künstlerische Zeugnisse dieser Zeit erhalten geblieben: Tempel, Skulpturen, Bilder, aber auch Mythen und Tragödien, vor allem als Ausdruck des Übergangs zur historischen Epoche. In unserer Tradition reicht diese Epoche bis zum Beginn des Goldenen Zeitalters der Griechen. Bestimmte fernöstliche Traditionen haben das Erbe davon länger bewahrt.

Der Anfang der patriarchalischen Herrschaft, die wir kennen – das heißt, der Herrschaft des Mannes als rechtmäßiges Oberhaupt der Familie, des Stammes, des Volkes, des Staates –, geht mit der Trennung der Frauen untereinander, insbesondere mit der Trennung der Tochter von der Mutter einher. Diese Beziehung, die fruchtbarste unter dem Gesichtspunkt der friedlichen Erhaltung des Lebens, ist zerstört worden, um einer Ordnung zu weichen, die ihrerseits an das Privateigentum gebunden ist, an die Weitergabe des Eigentums innerhalb der männlichen Linie, an die Institution der Monogamie, damit das Eigentum einschließlich der

Kinder zu dieser Linie gehört, sowie an die Einrichtung von sozialen Organisationen lediglich unter Männern, die der Erhaltung derselben Ziele dienen.

II. Die folgenden Beispiele sind dem Bereich des Rechts entnommen. Es empfiehlt sich in der Tat, nach der *geschriebenen* Repräsentativität des Rechts für die Frauen zu fragen. Es ist unglaublich, aber wahr, daß theoretische und praktische Diskurse als eingeschlechtliche existieren und Gesetzeskraft erlangen konnten. Das ist nur möglich gewesen, weil die Frauen von ihren Müttern und untereinander getrennt wurden und keine Kultur mehr hatten, die ihnen entsprochen hätte. Aber um eine Kultur zu schaffen, muß man sich sammeln, miteinander sprechen, sich organisieren, ohne Unterwerfung, ohne Verbote und ohne ökonomische, juristische und religiöse Abhängigkeit.

Die Frauen aber sind alle noch in diesem Zustand sozialer und kultureller Abhängigkeit, selbst wenn sie glauben, frei und emanzipiert zu sein. Warum sind sie es? Weil die Ordnung, die für uns das Gesetz ausmacht, durch das männliche Geschlecht gekennzeichnet ist. Einige individuelle Vergünstigungen, die errungen worden sind, haben daran nicht viel geändert. Viele behaupten gern, daß all die feministischen Kämpfe oder die der Frauen zu Ende sind. Das würde bedeuten, daß sie nie wirklich existiert haben, daß ihr Ziel schlecht bestimmt war. Die soziale und kulturelle geschlechtliche Differenzierung ist noch lange nicht verwirklicht, und die Befreiung der Frauen kann kein anderes Ziel haben

Die wirkliche Grundbedingung der Befreiung, die tatsächlich Massen von Frauen eingefordert haben, scheint mir das Recht auf Empfängnisverhütung und auf Abtreibung gewesen zu sein, ein Recht, das bestimmte Regierungen ihnen wieder nehmen wollen. Dieses Recht bezeugt ganz einfach die Achtung vor dem Leben der Frauen und akzeptiert, daß sie nicht dem Zwang zur Reproduktion innerhalb der Genealogie des Ehemanns zu unterwerfen sind. Es muß mit zivilrechtlichem Schutz bei Vergewaltigungen verbunden sein. Es muß gleichermaßen Schläge und Verletzungen, denen Frauen öffentlich oder privat ausgesetzt sind, als Gewalttätigkeit, manchmal als Verbrechen unter Strafe stellen. Das sind elementare Lebensrechte, die man in das Gesetzbuch aufnehmen muß, um die Frauen als Bürgerinnen anzuerkennen.

Das Recht ist geschlechtlich bestimmt, die Justiz ist geschlechtlich bestimmt, aber auf falsche Weise:

1. Was die Geschlechterdifferenz angeht, so ist das Recht von einer Gemeinschaft von Männern nach Sklavenhaltermanier geschrieben worden: Die Frau muß ihre Familie verlassen, bei ihrem Ehemann wohnen, seinen Namen annehmen, sich physisch von ihm besitzen lassen, seine Kinder tragen und zur Welt bringen, sie aufziehen, was heißt, sie ernähren, kochen, waschen, den Haushalt besorgen – ständig sich wiederholende und enervierende Arbeiten wie die der Arbeiter, über deren Schicksal sich manche empören. Wird man einwenden, daß sie Vorteile gewinnt, weil ihr Ehemann für sie arbeitet? Ich würde erwidern, daß diese Arbeitsteilung die Frau, abgesehen davon, daß sie sie in dem Zustand eines Kindes hält (die Kinder werden auch von den Eltern und, was die schulische Ausbildung angeht, vom Staat erhalten), mental tiefgreifender pervertiert, als es Industrie und Kommerz im Kapitalismus durch die den Arbeitern gebotenen Vorteile tun. Die Tatsache, daß die Frauen von ihrem Ehemann bezahlt werden, führt dazu, daß sie die Rechte ihres Geschlechts, die Achtung vor ihm, vor ihrer Mutter, gegenüber den anderen Frauen und heute sogar gegenüber der

Sorge um das Leben vergessen. Die Differenz der Geschlechter ist – für den, der diese Dimension des Menschen mit etwas Objektivität betrachten will – auf eine Geldfrage reduziert worden so wie alles andere auch.

2. Der zweite Aspekt des patriarchalischen Rechts ist, daß es in der Tat fast ausschließlich Probleme des Güterrechts betrifft. Das Individuum wird letztlich durch seinen Besitz bestimmt. Es ist ihm unterworfen. In seiner Blindheit gegenüber dem Sinn der Grundlagen der patriarchalischen Ordnung nimmt das Volk der Männer nicht mehr wahr, daß die Vorherrschaft des Kapitals dem Ursprung nach nur sie betrifft. Die Politiker und die Theoretiker führen gelehrte Reden darüber, daß der angeblich neutrale Reichtum gerecht zwischen allen aufgeteilt werden muß. Aber dieser Reichtum, verstanden als Güterakkumulation durch Ausbeutung anderer, ist bereits Resultat der Unterwerfung des einen Geschlechts durch das andere. Die Kapitalbildung selbst ist das, was die patriarchalische Herrschaft als solche organisiert, durch die Mechanisierung unserer geschlechtlichen Körper und die einseitige Herrschaft über diese Körper.

Das Volk der Männer hat das Eigentum immer über das Leben gesetzt. Es kümmert sich wenig um die lebendige Materie, um ihre kulturelle Ökonomie. Die Männergesellschaft ist auf dem Besitz von Gütern aufgebaut. Das Leben selbst wird einem Gut gleichgesetzt, es ist produktives Kapital, das man als Arbeitsmittel besitzt, aber es ist nicht die Basis der Identität, die es zu kultivieren gilt. Das Patriarchat befaßt sich nicht damit, die geschlechtlich differenzierte Natur im Denken zu erleben. Das pervertiert sein Verhältnis zur Materie und ihre kulturelle Organisation. Hegel war sich dieses Scheiterns hinsichtlich einer Sittlichkeit unserer Beziehungen zum Natürlichen gerade in der Frage der Geschlechter und ihrer Genealogien besonders bewußt: Antigone wird geopfert, weil sie durch die Bestattung ihres toten Bruders dem Blut und den Göttern ihrer Mutter Achtung erweist. Hegel hat geschrieben, daß die ganze übrige Konstruktion des Werdens des Geistes durch dieses Opfer belastet wäre. Was Marx angeht, so hat er sich vor allem mit der politischen Ökonomie befaßt, aber kaum mit der Kultivierung der Natur, außer in ihrer Umwandlung in Gebrauchswerte, in denen sie als natürliches Phänomen bereits verschwunden ist. Das hat uns dazu geführt, viel von sozialer Gerechtigkeit zu sprechen, aber ohne uns daran zu erinnern, daß diese, um zu existieren, natürlicher Ressourcen bedarf. Besonders evident ist das bei den Frauen als Reproduzentinnen, bei den Rohstoffen, dem bebaubaren Boden, aber es gilt für jeden Körper. Keine Gesellschaft ohne Körper, aus denen sie besteht. Diese Tautologie wird aus subjektiven Gründen der männlichen Ökonomie fortwährend vergessen, zumindest in unseren patriarchalischen Kulturen.

III. Mein drittes Beispiel betrifft daher die Frage der Differenz zwischen Männern und Frauen in ihren Subjekt-Objekt-, Subjekt-Subjekt-Beziehungen. Die Gesellschaft der Männer zeigt bestimmte Besonderheiten, die als allgemeine ausgegeben werden, die aber dem Geschlecht der Personen, aus denen sie besteht, geschuldet sind.

In Ermangelung einer Geschlechterkultur, eines Verfahrens (ein teilweise dialektisches) in den kulturellen Beziehungen zwischen den Geschlechtern, schwankt der Mann – in seiner Logik, seinen Diskursen, seinen Haltungen, seiner ganzen subjektiven Ökonomie – zwischen dem *Ja* und dem *Nein*, das er allem Mütterlichen (toutes formes de mères) in der Konstitution seiner Identität entgegensetzt. Die Widersprüche werden immer anarchischer gehandhabt. Ihr Rhythmus entgeht im übrigen demjenigen, der sie äußert. Der

Mann braucht dieses Ja-Nein, um sich auf Distanz zu der Materie zu halten, die ihn erzeugt hat. Meistens versucht er in der Verneinung dieser ursprünglichen Mutter oder Matrix zu verharren. In seiner Realitätsverweigerung sucht er mit Hilfe verschiedener Mittel, einschließlich sehr subtiler Argumentationen, eine *zweite Natur* einzusetzen, die die erste schließlich zerstört oder in Vergessenheit geraten läßt. Das entspricht der Kultur oder der Geschichte einer Epoche. Dann gewinnt die Natur ihre Rechte zurück. Es sind auch weiterhin natürliche Reserven notwendig, was heute zum Problem geworden ist. Das, was menschliche Natur genannt wird, bezeichnet oft im Namen irgendeiner geistigen Verlockung das Vergessen oder Verkennen unserer körperlichen Beschaffenheit. In der Tat, wer weiß, was die menschliche Natur ist? Mit Sicherheit eine Hypothese patriarchalischer Machart, weil diese menschliche Natur sich nicht um die Geschlechterdifferenz kümmert, um eine kulturelle Identität zu definieren. Die Verpflichtung, Kinder zu gebären oder das Haus zu besorgen, begründet keine weibliche Identität. Vielmehr eine Funktion oder eine soziale Rolle, nicht mehr.

Die subjektive Identität der Frau ist keineswegs von gleicher Art wie die des Mannes. Tatsächlich braucht sie sich von ihrer Mutter nicht durch ein *Ja* und vor allem nicht durch ein *Nein*, ein *Nah* oder *Fern*, ein *Innen* entgegen einem *Außen* zu distanzieren, um ihr Geschlecht zu entdecken. Sie steht vor einem ganz anderen Problem. Sie muß sich mit ihrer Mutter als Frau identifizieren können, um zu ihrer Sexualität zu gelangen. Sie muß Frau sein und werden wie ihre Mutter und gleichzeitig in der Lage sein, sich von ihr zu unterscheiden oder zu entfernen. Aber ihre Mutter ist dasselbe wie sie. Sie kann nicht auf ein *Objekt* reduziert oder als Objekt manipuliert werden, wie es der kleine Junge oder der

Mann tut. Freud und allgemein den Sexualitätstheorien zufolge richtet sich das Begehren auf Objekte und rivalisiert um Objekte. Die Heftigkeit erklärt sich also aus diesem Verlangen, Objekte zu besitzen, und aus der Rivalität, die entsteht, um sich ihrer zu bemächtigen. Der Status und selbst die Identität eines Menschen bestimmen sich durch die Objekte, die ihm gehören. Diese Ökonomie hat teilweise Gültigkeit für die männliche Subjektivität. Die Frau dagegen wird Subjekt unmittelbar in Verhältnis zu einem anderen, ihr gleichen Subjekt: ihrer Mutter. Sie kann ihre Mutter nicht auf ein Objekt reduzieren, ohne sich selbst darauf zu reduzieren, weil sie das gleiche Geschlecht haben. Daher das Gesetz des Alles oder Nichts des weiblichen Begehrens, wenn die Frau keine subjektive Identität im Verhältnis zu ihrer Mutter findet. Das *Fort-da*, das von Freud als Eintritt des Kindes in die Welt der Sprache, der Kultur beschrieben wird, funktioniert bei den kleinen Mädchen nicht, außer durch Identifizierung mit dem kleinen Jungen. In diesem Fall entfremdet sie sich in einen anderen als sie und macht aus ihren Kindern, danach manchmal aus ihrem Ehemann, Quasi-Objekte. Auf diese Weise gibt sie möglicherweise denen Recht, die sie als phallisch beschreiben. Aber es handelt sich nicht um ihre Identität.

Identität und *Identifizierung* zu verwechseln ist nicht gleichbedeutend mit dem Auffinden einer neuen Ordnung der Materie und ihrer Formen, die wir sind. Vielmehr ist das nur ein idealistisches Trugbild, das ein großes Maß an sozialer Verwirrung stiftet. Häufig ist an dieser Stelle das Neutrum angesiedelt: in der Verwechslung von Identität und Identifizierung. Dieser Trugschluß, auf unklare Weise Männer zu sein oder sein zu können, exiliert die Frauen von sich selbst und macht aus ihnen Agentinnen individueller und sozialer Zerstörung. Aber sie sind nicht in Übereinstimmung und Harmonie mit sich. Die mögliche Entdeckung ihrer Identität stellt ein wichtiges Problem subjektiver Art dar. Die Frau stünde in einer direkten intersubjektiven Beziehung zu ihrer Mutter. Ihre Beziehung ist eine *zwischen Subjekten*, nicht eine von Subjekt und Objekt, also eine sehr soziale und kulturelle Beziehung, die zweifellos dazu geführt hat, die Frauen als Hüterinnen der Liebe zu interpretieren. Dieses subjektive Verhältnis zwischen Mutter und Tochter kann sich teilweise in Gesten ausdrücken, wie von manchen Frauen – oder Männern – eingewandt wird, die aus verschiedenen Gründen die Notwendigkeit eines geschlechtlich differenzierten Diskurses bestreiten oder ablehnen. Aber das genügt nicht. Die Frauen müssen sich in dieser intersubjektiven Beziehung zu ihrer Mutter und auch anderen Frauen gegenüber in Worten, in Bildern und Symbolen ausdrücken können, um in eine nicht-zerstörerische Beziehung zu den Männern einzutreten. Man muß diese sehr besondere Identitätsstruktur der Frau zulassen, kennen und bestimmen. Das ist unerläßlich für eine lebbare Kultur. Es setzt voraus, daß die Verbindung Mutter-Tochter unterstützt und nicht zerstört wird. Es erfordert, daß man nicht glaubt, die Tochter müsse sich von ihrer Mutter abwenden, um dem Vater zu gehorchen oder ihren Ehemann zu lieben. Um sich als geschlechtliche Identität zu konstituieren, sind eine genealogische Beziehung zum eigenen Geschlecht und die Achtung vor beiden Geschlechtern notwendig. Diese verlangt gültige erotische Modelle und keine Neutralisierung der Geschlechter, keine Verdrängung oder Entsublimierung, wie wir sie erleben.

IV. Welches sind die vorherrschenden Sexualitätsmodelle? Die männliche Sexualität – nach Freud gibt es keine andere – beruht auf einem energetischen Modell des Typus: Spannung, Entladung, Rückkehr zum Gleichgewicht. Diese Ökonomie gehorcht den zwei thermodynamischen Gesetzen, die lange Zeit als unüberwindlich galten. Die Sexualität wäre also an physikalische Gesetze gebunden, die ihr keine Freiheit lassen, lediglich eine repetitive, explosive, nicht wandlungsfähige Zukunft. Der einzige Ausweg aus diesem tristen Schicksal wäre die Fortpflanzung. Es ist wahr, daß Freud keine Hinweise auf die Sublimierungsprozesse im Erwachsenenalter gibt. Mann oder Frau zu werden würde schlicht bedeuten, fortpflanzungsfähig zu werden, nicht aber fähig zu einer Energie, die es mit dem anderen Geschlecht zu denken, zu teilen, zu kultivieren gilt. Was sublimierbar ist, betrifft diesem Spezialisten der Sexualität zufolge nur die Partialtriebe. Kommt die theoretische und praktische Regression bei denen, die es ablehnen, sich an ein genitales Fortpflanzungsmodell zu halten, daher?

Was nennt man Partialtriebe? Freud interessiert sich vor allem für den *Blick (vue)*, aber Hören, Riechen, Schmekken, Berühren sind auch Partialtriebe. Das Berühren, das in alle Sinne eingeht, ist ein sehr spezifischer Sinn, von dem Freud sehr wenig spricht. Er ist zu sehr mit Objekten beschäftigt. Das Berühren ist ein subjektiverer, intersubjektiver Sinn; es ist zwischen dem Aktiven und dem Passiven angesiedelt; es entzieht sich der possessiven, mechanischen und kriegerischen Ökonomie, es sei denn, es wird auf Schläge und Verletzungen oder auf einen Teil des Körpers reduziert.

Aber wie steht es heute mit der möglichen Sublimierung unserer Sinne? Die Energie: Spannung, Entladung, Rückkehr zum Gleichgewicht konkurriert mit der Technik; aber weil die Rückkehr zum Gleichgewicht, zur Stabilität immer problematischer wird, will sie immer stärker, immer schneller werden. Es kommt darauf an, daß »es pulsiert«, daß »es explodiert«. Egal um welchen Preis, sofern es nicht zur allgemeinen Auflösung führt. Diese Triebe zielen auf immer stärkere Entladung entsprechend einem Konkurrenzmodell. Aber die Eskalation bis hin zur Entropie beim Menschen und in der Technik läßt uns unsere menschlichen Lebensvoraussetzungen vergessen. Dieses *Pathos* einer immer größeren Energie, eines ökonomischen, individuellen und kollektiven Wachstums ohne Regulierung, die mit den natürlichen Rhythmen übereinstimmt, opfert uns Schritt für Schritt auf.

All diese privaten und öffentlichen Affekte und Gefühle (immer wieder durch die Öffentlichkeit im Dienste des Kommerz und der Industrie geschürt, ohne Wissen der ebenso passiven wie aufgeputschten Verbraucher) scheinen an die Stelle eines vergessenen Körpers zu treten. Dieser Körper selbst hat einen viel stärkeren Bezug zur *sinnlichen Wahrnehmung* als zum *Pathos*. Ein Körper atmet, fühlt, schmeckt, sieht, hört, berührt oder wird berührt. Diese körperlichen Eigenschaften sind dabei zu verschwinden. Aber wie seinen Körper leben? Was bedeutet diese Auslöschung? Es bedeutet, daß die Kultur der Männer eine solche Vergiftung der Luft, der Nahrung, Belastungen des Sehens, Hörens und des Berührens geschaffen hat, daß unsere Sinne auf dem besten Weg sind, zerstört zu werden. Aber ohne Vermittlung durch unsere Sinneswahrnehmungen können wir weder leben noch denken.

Was den Gehörsinn angeht, so wissen die Mediziner, daß wir im Begriff sind, unser Gehör zu verlieren. Man kann sagen, daß sie lediglich bestätigen, was unsere Erfahrungen und der gesunde Menschenverstand uns lehren müßten. Unsere Ohren, die einer fortwährenden Lärmbelästigung durch Maschinen, auch durch Flugzeuge, ausgesetzt sind, finden keine Ruhe mehr, und schließlich läßt die Hörfähigkeit aus Selbstschutz nach. Sie leidet unter den Geschwindigkeitsexzessen und häufigen Höhenwechseln, denen wir sie in den heutigen Transportmitteln aussetzen. Aber unser Ohren sind unser wichtigstes Organ in Bezug auf das statische Gleichgewicht und die Affekt- und Wärmeregulation. Das bedeutet, daß es unmöglich ist, von einer Bevölkerung zu verlangen, friedlich, umgänglich oder gar liebevoll zu sein, wenn sie permanent akustischen Schocks und Spannungen ausgesetzt ist. Das gilt in noch stärkerem Maß für die Frauen, die in dieser Hinsicht sensibler sind als die Männer und die angesichts der Expansion der technischen Einrichtungen, der Ausweitung des Straßen- und Luftverkehrs nicht einmal mehr bei sich zu Hause geschützt sind. Die Lärmbelastung und andere Belastungen der Sinne betreffen heute nicht mehr nur bestimmte Arbeiter, sie treffen die ganze Bevölkerung, und zwar ohne jeden Lohn- oder anderweitigen Ausgleich. Indem wir unsere akustische Wahrnehmung zerstören, zerstören wir einen guten Teil unserer Identität. Überdies gehört dieser Sinn zu denen, die am frühesten und passiv geweckt werden (der Fötus hört im Bauch seiner Mutter), und er ist derjenige, der der entwickeltsten und universellsten Kulturstufe angehört: der der verbalen Kommunikation und des Hörens von Musik. Es ist daher dringend notwendig, eine Lärm-Ökonomie zu finden, die unseren Gehörsinn schützt. Es gibt einige sehr einfache und letztlich wenig kostspielige Mittel: Begrenzung des Autoverkehrs innerhalb und außerhalb der Städte durch Einrichtung zahlreicher Fußgängerwege und Ruhezonen, Verzicht, den ganzen Himmel als Luftweg zu nutzen, Orientierung der Forschung auf die Konstruktion von leisen Maschinen. Solche Maßnahmen findet man schon, und es gibt lebenswichtige Prioritäten, die zu respektieren sind, auch wenn die Tempobeschleunigung dadurch etwas zurückgeht und man den Verbrauchern beibringen muß, einige Meter zu Fuß zurückzulegen: Beides scheint mir im übrigen zum Schutz ihres eigenen Lebens unerläßlich.

Was unsere Sehkraft angeht, so ruiniert die immer massivere und brutalere künstliche Straßenbeleuchtung mit ihrer Blendwirkung ihre Elastizität, und die heute für die Fensterscheiben von Bürohäusern und vor allem Autos benutzten Materialien machen die Sonnenspiegelung noch unerträglicher. Auch wenn der Verkauf von Sonnen- und anderen Brillen stetig zunimmt, unser Körper und unsere Sinnlichkeit werden deshalb nicht weniger zerstört.

Ich werde diese triste Aufzählung nicht weiter fortsetzen. Sie alle wissen, daß die Nahrungsmittel auf Grund chemischer Düngemittel oder auf Grund wachstumsbeschleunigender oder anderer medizinischer Mittel, die den Tieren gegeben werden, häufig geschmacklos oder sogar giftig sind. Man muß sehr weit suchen, um Gerüche wahrzunehmen, die unserem Geruchssinn (einem für unsere Vitalität unerläßlichen Sinn) angenehm sind, ganz abgesehen davon, daß die Luft, die lebenswichtigste Materie, durch Gifte aller Art derart verpestet ist, daß sie Gefahr läuft, ihre Qualitäten zu verlieren. Auch hier denke ich, selbst wenn es offensichtlich richtig ist, die tödliche Nutzung der Luft in Kriegszeiten anzuprangern, so muß man doch noch mehr Energie auf die Forderung verwenden, daß die Luft in Friedenszeiten für alle erträglich wird. Und zur Wachsamkeit gegenüber bestimmten Gefahren aufrufen, darf nicht heißen, unachtsam zu werden gegenüber der permanenten körperlichen Zerstörung, der wir ausgesetzt sind. Zumal es keine Wahlmöglichkeiten mehr gibt oder nur noch so wenige ... Auch in die Urlaubs- und Erholungs- oder Wohngebiete außerhalb der Städte dringen Maschinen ein, Flugzeuge, Geländewagen, die munter die Berge erklimmen, für jedes Gelände taugliche Motorräder, die sich auf allen Wegen auf dem Land, in den Hügeln, an Meer- und Flußufern etc. Wettkämpfe liefern. All diese mehr oder weniger nützlichen Fahrzeuge sind hinsichtlich der Zeit und der zugänglichen oder nicht zugänglichen Orte äußerst milden Reglementierungen unterworfen. Und die Heuchelei der Gesellschaft ist in diesem Punkt sehr groß; sie prangert zum Beispiel die fehlende Erziehung und die Unbesonnenheit der Jugendlichen an, während sie sich gleichzeitig mit Maschinen versorgt, die so ausgerüstet sind, daß sie stören und Unfälle verursachen können. Das Bemühen, Geld zu verdienen und zu akkumulieren, führt meiner Ansicht nach dazu, daß allein die Frauen, die sich der Gefahr bewußt sind und sich um das Leben sorgen, die Einschränkung der Technikinflation fordern können, um unsere körperliche und geistige Gesundheit zu bewahren. Dabei müssen sie wachsam sein, müssen den Mut haben zu sprechen, zu dem, was sie wollen, zu stehen, sie müssen sich öffentlich äußern können und Gehör finden.

Die Frauen folgen nicht derselben sexuellen Ökonomie wie die Männer. Ich habe zu diesem Thema schon viel geschrieben. In wenigen Worten kann ich wiederholen, daß ihre Beziehung zum Fließenden und zum Festen, zur Materie und zur Form, zum Berühren – durch Haut und Schleimhäute –, zur Symmetrie, zu Wiederholungen etc. anders sind. Hier möchte ich vor allem daran erinnern, daß die Frauen nicht denselben Bezug zur Entropie, zum Gleichgewicht, zur Entladung haben. Sie haben eine viel stärkere innere Regulierung, die sie in einem konstanten und irreversiblen Wachstumsprozeß hält. Das ist nicht zwangsläufig negativ; es handelt sich nicht notwendigerweise um einen Prozeß, der entweder zur Rückbildung oder zur Akkumulation führt. Eine Frau kommt in die Pubertät, wird defloriert, schwanger, ein oder mehrere Male, sie kommt in die Menopause etc., so viele Geschehnisse, die eine viel kontinuierlichere Zeitlichkeit markieren als die Einschnitte in der männlichen Sexualität bzw. deren Kontinuität, die keine unumkehrbaren Entwicklungen kennt. Diese Zeitlichkeit ist unter hormonalem Gesichtspunkt komplex, was sich auf den Körperhaushalt und sein allgemeines Gleichgewicht auswirkt. Dabei hat jeder Moment dieses Werdens seine eigene, eventuell zyklische, an die kosmischen Rhythmen gebundene Zeitlichkeit. Wenn die Frauen sich durch den Unfall von Tschernobyl derart bedroht gefühlt haben, so kommt das von dieser nicht auflösbaren Beziehung ihres Körpers zum Universum. Diese Komponente ihres geschlechtlichen Werdens paßt sich übrigens nur schlecht der Beschleunigung an, die die Technik mit sich bringt. Eine Schwangerschaft braucht immer dieselbe Zeit, ebenso ein Menstruationszyklus. Die Frauen sind daher einer *doppelten Zeitlichkeit* unterworfen. An bestimmten Orten ist es ergreifend und anachronistisch, eine schwangere Frau zu sehen. Die Gesellschaft verlangt dennoch von ihnen, schwanger zu werden, und die medizinische Hilfe, die sie bekommen, lindert nicht die affektiven, nervösen, hormonalen Schwierigkeiten, die sie entwickeln. Darüber hinaus entziehen ihnen die Eingriffe der Ärzteschaft, deren Notwendigkeit man sicher nicht vernachlässigen darf, die Verantwortung und tragen zu einem Identitätsverlust bei, wenn sie aufgrund des Lebensrhythmus und dessen Belastungen unentbehrlich und ständig erforderlich werden.

Ich weiß, daß diese Beziehung der Frauen zu einer natürlichen Zeitlichkeit zur Folge hat, daß sie manchmal als Hemmschuh für die Kultur, als »rückschrittlich« angesehen werden, daß sie sich sogar selbst so betrachten. Ich persönlich bin mit dieser Interpretation nicht einverstanden. Tschernobyl, aber auch viele andere Phänomene, von denen ich hier einige beschrieben habe, beweisen es. Wir brauchen eine Regulierung, die den Rhythmen der Natur entspricht; wir müssen diese natürliche Verwandtschaft zur Natur kultivieren und dürfen sie nicht zerstören, um eine zweite Natur einzusetzen, die von unseren Körpern und ihrer elementaren Umgebung abgespalten ist. Die Frauen werden durch den Bruch mit dem kosmischen Gleichgewicht tödlicher getroffen. Es ist daher an ihnen, *nein* zu sagen. Ohne ihr *ja* kann sich die Welt der Männer weder weiterentwickeln noch fortbestehen. Sicher, Frauen müssen lernen, wo dieses *nein* einzubringen ist und weshalb es gesagt wird. Sie müssen auch wissen, wie sie es sagen. Das erfordert eine Ausbildung, ein Erlernen des Verhältnisses von Subjektivität-Objektivität. Mit diesem Verhältnis haben die Frauen aufgrund ihrer kulturellen Vergangenheit, in der sie mit dem Objekt des Begehrens identifiziert waren, besondere Schwierigkeiten. Aber das läßt sich lernen. Wir müßten es in den politischen und kulturellen Unterricht der Mädchen aufnehmen. Ich werde Ihnen sofort ein kleines Beispiel geben, wie sich distanzieren möglich ist, und zwar im Verhältnis zu einer Autorität, die uns das Gesetz aufzwingt, und zu sich selbst als hörendes und sprechendes Subjekt.

V. Ich wähle dieses Beispiel, weil Interesse besteht, einen Diskurs analysieren zu können, ihm nicht gläubig oder passiv zuzuhören, sondern zu lernen, das Geschlecht der Sprechenden und ihre Beziehungen zum anderen Geschlecht und zur Welt zu identifizieren. Dabei gehe ich von sehr einfachen Sprach- und Strukturtheorien aus.

Es ist angebracht, sich erst einmal daran zu erinnern, daß die Sprache nicht geschlechtsneutral ist und daß ihre Regeln von beträchtlichem Gewicht für die Konstitution einer weiblichen Identität und für die Beziehungen der Frauen untereinander sind. Was bedeutet es, daß die Sprache nicht geschlechtsneutral ist? Zunächst etwas sehr Einfaches: a) Der Plural des (grammatikalischen) Geschlechts ist immer männlich: »Wähler, Wählerinnen, ihr seid alle Italien*er*; um Italiener*innen* zu sein, müßt Ihr unter Euch bleiben; b) die mit Wert versehenen Realitäten sind in unseren patriarchalischen Kulturen meistens männlich: der Gott, le soleil* etc.; c) das Neutrum, das oft an die Stelle einer ausgelöschten geschlechtlichen Differenz tritt, wird in der gleichen Form wie die männliche ausgedrückt; das gilt für die Naturphänomene (es donnert, il tonne; es stürmt, il vente; es scheint die Sonne, il fait soleil**etc.) oder die Realitäten, die die Pflicht oder das Recht betreffen (man muß, il faut; es ist notwendig, il est nécessaire *** etc.) Diese Formen der Sprache und des Diskurses, die uns universell, wahr, unantastbar erscheinen, sind historisch determinierte und veränderbare Phänomene. Sie ziehen offensichtlich Konsequenzen auf der inhaltlichen Ebene der Sätze nach sich, und zwar verschiedene entsprechend dem Geschlecht. Ich habe eine bestimmte Zahl von Äußerungen von Männern und Frauen untersucht und begonnen, diese Unterschiede zu interpretieren. Es würde zu viel Zeit in Anspruch nehmen, hier die Resultate mitzuteilen. Aber da wir uns nach Tschernobyl begegnen in der Absicht, über diesen Unfall nachzudenken, möchte ich Ihnen sagen, daß ich unter anderem bestimmte Reden von Männern untersucht habe, die in Zusammenhängen internationaler Politik gehalten wurden und die nukleare Aufrüstung betreffen. Diese wissenschaftliche Arbeit beweist, daß diese politischen Plädoyers, jenseits eines gewohnheitsmäßigen,

---

* Le soleil – die Sonne – ist im Französischen männlich. (A.d.Ü.)

** *Il* tonne, *il* vente, *il* fait soleil. Il bedeutet zunächst er und in derartigen neutralen Wendungen es. (A.d.Ü.)

*** *Il* faut, *il* est nécessaire. (A.d.Ü.)

naiven Zuhörens, oft ohne jeden Inhalt sind. Es ist wahr, daß wir, je leerer eine Rede ist, desto mehr die Tendenz haben, etwas in sie hineinzuprojizieren. Das Nichts beunruhigt, macht Angst, bleibt uns fremd. Aber ich denke, daß diejenigen, die diese Reden halten, sich der Geringfügigkeit ihres Sinns und ihres eigenen Mangels an subjektiver Freiheit und Verantwortlichkeit nicht bewußt sind. Ihre Verwirrung ist ebenso groß wie unsere, wenn nicht gar größer, auch wenn sie es weder sich noch uns eingestehen wollen. Ich schlage vor, sich von der Faszination des Leeren zu lösen, und zwar weder mit Aggressivität noch mit Rachebedürfnissen, sondern vielmehr durch strenge Analysen der Reden, die die sozialen und politischen Gesetze verkünden und diskutieren. Diese Analysen werden zeigen, daß abstrakte Realitäten und eine Starrheit im Gebrauch linguistischer Regeln einen großen Teil der politischen Reden strukturieren, mit der Besonderheit, daß *unbelebte* abstrakte Begriffe an die Stelle von *belebten* treten. Das verleiht dieser Sprache eine magische Struktur. Tatsächlich sind der »Fortschritt«, die »soziale Gerechtigkeit«, der »Friede«, die »Konflikte«, die »Aufrüstung« etc. keine Personen, die aktiv Verantwortung für die Entwicklung der Gesellschaft oder der Geschichte tragen, sondern angeblich neutrale Begriffe oder Vorstellungen, über die sich die Männer (seltener und dann nachahmend die Frauen) von ihrer Subjektivität, der Beziehung zu ihren Adressaten, ihrer Verantwortung gegenüber der Welt entlasten, in einem nur schlecht in Raum und Zeit verankerten Abstraktionsprozeß. Sollte man mir entgegenhalten, daß das dem Stil der politischen Rede entspricht, werde ich antworten, daß es nicht immer so ist, sondern daß die heutigen Machthaber in der Sprache und Kultur, die sie geschaffen haben, gefangen zu sein scheinen wie in einem schwankenden Netz oder Untergrund, aus dem sie unfähig sind, sich zu befreien. Wir stehen Gefangenen der eigenen Zivilisation gegenüber.

Wenn einige die Gewalt als Mittel sich auszudrücken gewählt haben – oft aus Verzweiflung –, so fordern auf der anderen Seite die Reden, die nichts sagen wollen, auf ihre Weise den Rückgriff auf Gewalt, auf Krieg, als Grenzen zum Nicht-Sinn, zum Nichts heraus. Besonders wenn man ein politisches Mandat innehat, bringt Reden, um nichts zu sagen, die Gefahr mit sich, daß der Austausch zwischen Ländern, zwischen Personen sich auf andere Weise Wege bahnt als durch das Wort. Es eröffnet gleichermaßen die Möglichkeit, daß ein diktatorisches »Ich« sich Energie aneignet, ohne daß es wirklich Verantwortliche gibt, die dessen wahre Natur aufdecken und hervorheben.

Die Opferung des natürlichen Geistes, des Geistes des Geschlechts, insbesondere des weiblichen und in gwissem Sinn des Geistes der Familie zugunsten der Neutralität von Bürgern, die dem Dienst am Staat, den Wissenschaften oder der Technik verschrieben sind, hat an die Stelle der lebendigen, sinnlichen Verwurzelung die soziale Blindheit der Männer-unter-sich (de l'entre-hommes) gesetzt: libidinöse Blindheit, Blindheit der Argumentationen, der von ihrem konkreten Inhalt abgetrennten Ideen und Perspektiven. Diese Blindheit setzt die Unkenntnis, die Verkennung, die Zerstörung des Sinnlichen voraus und beschleunigt sie gerade da, wo es notwendig wäre, eine objektive und subjektive Verbindung zwischen der Natur und der Kultur zu finden.

Was könnte ich den Frauen raten in Hinsicht auf einen Diskurs, der weder verführt noch reduziert:

a) daß sie niemals die subjektive Erfahrung als Element des Wissens aufgeben. Auch die transzendentalste Theorie ist im Subjektiven verankert. Die Wahrheit wird immer von irgend jemand produziert. Das bedeutet nicht, daß sie keine Objektivität enthält.

b) daß sie sich weder dem öffentlichen Spontaneismus noch den Triebimpulsen hingeben: naiven Gefühlen, Aggressivität etc. Ein derartiges Verhalten ist die Kehrseite des Glaubens an eine vom Subjekt unabhängige Wahrheit; es ist der blinde Effekt der existierenden Kultur auf die Frauen.

c) daß sie ohne Unterbrechen an einer Subjekt-Objekt-Dialektik arbeiten. Die patriarchalische Kultur hat uns jenseits unserer eigenen Beziehung zum Natürlichen in die Position von Objekten gebracht; wir müssen lernen, sprachfähige Subjekte zu werden.

d) daß sie der Existenz einer neutralen, allgemeingültigen Wissenschaft weder Folge leisten noch ihr anhängen, einer Wissenschaft, zu der die Frauen auf mühevollem Wege gelangen mußten, mit der sie sich und die anderen Frauen drangsalieren, indem sie aus der Wissenschaft ein neues Überich machen. Es gibt derzeit eine Mystifizierung sowohl der Unschuld der Gefühle als auch der wissenschaftlichen Wahrheit. Jede Wahrheit ist teilweise relativ. Eine theoretische Wahrheit, die uns zwingt, alle subjektiven Merkmale aufzugeben, ist gefährlich.

VI. Das bringt mich zu dem letzten Punkt, den ich nicht weit ausführen werde, weil ich praktische Elemente einer kulturellen Veränderung zu mehr Gerechtigkeit aufzeigen wollte und aus diesem Grund beschlossen habe, mich auf bestimmte Wissenschaften oder Wissenschaftserkenntnisse zu beschränken. Dieser Punkt, der zum Abschluß führt, ist folgender: Stellt sich das Ensemble der uns bekannten Erkenntnisse und Wissenschaften auf neutrale und allgemeingültige Weise dar? Meine Antwort ist *nein*. Wie sollte das möglich sein? Jedes Wissen wird von Subjekten in einem ge-

gebenen historischen Kontext produziert. Selbst wenn Wissenschaft Objektivität anstrebt, selbst wenn ihre Techniken Kontrollmittel dieser Objektivität sein wollen, manifestieren sich in ihr eine Wahl und gewisse Ausschließungen, die sich insbesondere aus dem Geschlecht ergeben. Einige Erkenntnistheoretiker ahnen gegenwärtig den Einfluß des Subjekts auf das von den Wissenschaften aufgegriffene und vor allem bearbeitete Objekt. Ihre Überlegungen machen nahezu immer vor der Interpretation des geschlechtlichen Einflusses des Subjekts halt. Diese Abspaltung Geschlecht/Theorie ist sehr alt. Sie hängt mit Widerständen zusammen, die mit Machtaneignung und mit einer restringierten und repressiven Konzeption von Sexualität zu tun haben.

Nach dem Resümee einiger meiner Analysen, die verschiedene Bereiche der Human- und Sozialwissenschaften betreffen, werden Sie, denke ich, verstehen, daß die folgenden Fakten nicht ohne Beziehung zum Geschlecht des wissenschaftlichen Subjekts und seiner Geschichte sind.

1. Dieses Subjekt interessiert sich heutzutage ungeheuer für Beschleunigungen, die unsere menschlichen Möglichkeiten übersteigen, für die Schwerelosigkeit, für das Durchqueren natürlicher Räume und Zeiten, die Überwindung der kosmischen Rhythmen und ihrer Regulationsmechanismen, aber auch für den Zerfall, die Spaltung, die Explosion, die Katastrophen etc. Das zeigt sich in den Naturwissenschaften und den Humanwissenschaften.

– Wenn bei Freud die Identität des Subjekts durch die *Spaltung** bestimmt ist, so bezeichnet dieses Wort auch die Atomspaltung. Nietzsche nahm sein Ego ebenfalls als einen von Explosion bedrohten Atomkern wahr. Was Einstein betrifft, so ist meiner Meinung nach das grundlegende Problem

* Im französischen Text deutsch. (A.d.Ü.)

das, daß er uns keine andere Chance als seinen Gott läßt, geht man von seinem Interesse für die Beschleunigungen ohne elektromagnetisches Gleichgewicht aus. Sicher, er spielte Geige; die Musik bewahrte sein persönliches Gleichgewicht. Aber was bedeutet diese allgemeine Relativität für uns, die in den Atomkraftwerken über uns bestimmt und unsere Körpertätigkeit, eine lebenswichtige Bedingung, in Frage stellt?

- Bei den Astronomen beschreibt Reaves, im Anschluß an die amerikanische Big-Bang-Theorie, den Ursprung des Universums als eine Explosion. Warum diese neue Interpretation, die in den Begriffen so genau mit all den anderen theoretischen Entdeckungen übereinstimmt?
- René Thon, ein anderer Theoretiker an der Nahtstelle von Naturwissenschaften und Philosophie, spricht eher von Katastrophen durch Konflikte als vom Entstehen durch Überfluß, Wachstum oder positive, insbesondere natürliche Anziehungen.
- Die Quantenmechanik interessiert sich für das Verschwinden der Welt.
- Die Wissenschaftler arbeiten heute über immer winzigere, nicht mehr wahrnehmbare Teilchen, die nur mit Hilfe technischer Instrumente und durch Energiestrahlung bestimmbar sind.
- Freud und in seiner Folge Marcuse sind sehr pessimistisch bezüglich der Lebenstriebe. Aber die Todestriebe sind ein individuelles und kollektives Instrument der Desintegration, der Auflösung.
- Die Philosophie interessiert sich ausnahmslos für die Dekonstruktion der Ontologie, für das »anti« und »post«, aber nur wenig für die Konstitution einer neuen, auf Vernunft gegründeten Identität.

- Die Soziologen teilen uns in Identitätsrollen auf, die Semiologen in kleinste Zeichen, in relvante Merkmale, Funktionen etc.
- Was die Psychoanalytiker und ihre Abkömmlinge angeht, so weigern sie sich immer noch, in Betracht zu ziehen, daß der Diskurs geschlechtlich differenziert ist. Aber wie drückt sich die Sexualität aus, wenn nicht durch die Sprache? Worunter unterwerfen uns diese beschlagenen Praktiker, die auf der einen Seite eine Wahrheit aussprechen und sie auf der anderen annullieren? Es gäbe eine sexuelle Differenz, aber keine Geschlechtlichkeit der Sprechweise.
- Bei den Neurologen sagt man: Das Gehirn ist geschlechtlich differenziert, die Sprache nicht oder jedenfalls, das ist nicht unser Problem.

Wo aber sollen wir in all diesen Desintegrationen, den Explosionen, Spaltungen oder Vervielfachungen, den körperlichen Identitätsverlusten unseren subjektiven Status finden? Sicher, die Männer schlagen sich da mit dem von ihnen geschaffenen Absoluten herum.

Nach einer ganz und gar repressiven Einführung in die Wahrheit, der Verpflichtung, sich an die Vergangenheit zu erinnern, dem Respekt vor dem Vater und dem Gott als solchem, dem Übergang vom Quantitativen zum Qualitativen, schlagen sie uns als Methoden den »Zufall«, die »Unwissenheit«, die »Vielfältigkeit«, den »Pluralismus«, die »Brüche« mit der Vergangenheit, das »Vergessen«, die »Sprünge«, die »Vatermorde« etc. vor. Die Wissenschaften und Wissenschaftserkenntnisse sind heute eine wahre Schule des Negativen ohne positiven Horizont, eine Art Onto-Theologie ohne Gott, ausgenommen für bestimmte Gelehrte. Aber welche Verbindung finden sie zwischen ihrem Wissen, ihrem Gott und einer menschlichen Ethik?

Handelt es sich hier nicht um eine Explosion oder Entladung allzu übersättigter oder »entropischer« Theoriemodelle, die ein beträchtliches Risiko für den menschlichen Körper und die menschliche Intelligenz mit sich bringen?

2. Diese Art Halb-Verdrängung ist oft von einem immer rascheren Anwachsen theoretischer und praktischer Widersprüche begleitet, von einer immer größeren Entfernung von unserer körperlichen Materie und ihren Eigenschaften, von einer Suche nach sich in der Abstraktion oder im Traum, von einer nicht gedachten Kluft zwischen der technischen Umgebung, ihrem Einfluß auf uns und den ideologischen Entropien, die ihr Gleichgewicht meiner Meinung nach nur in der Kultur unserer *geschlechtlichen* Körper finden können.

3. Die meisten Forscher haben die Kontrolle über ihre Entdeckungen verloren, entweder weil sie selbst nicht mehr erkennen, was sie tun und als Schaltstelle für die Entwicklung von Theorien oder Techniken dienen, die sie nicht produziert haben, oder weil sie sich so weit von der Philosophie, unserem alltäglichen Wissen entfernt haben, daß sie nicht mehr denken. Während sie mit Mikro- und Makroskopen herumhantieren, vergessen sie ihre Körper, das Leben. Das war schon zu Platons Zeiten so. Aber für uns heute ist es gefährlicher geworden. Und es macht uns nicht mehr lachen ... Die Erkenntnistheorie der Wissenschaften ist weit davon entfernt, dem Niveau der technischen Expansion und ihren Auswirkungen zu entsprechen.

Ich werde für heute hier aufhören. Sie haben vielleicht von mir erwartet, daß ich diesen letzten Punkt genauer ausführe. Hier, mit Ihnen und nach Tschernobyl, wollte ich über menschliche Realitäten sprechen, die schnelle Veränderungen verlangen, zu denen Sie beitragen können. Es erscheint mir ethisch nicht vertretbar, hier eine subtilere erkenntnistheoretische Ausführung vorzutragen, ohne einfache und wirksame kulturelle Veränderungen vorzuschlagen, die uns eine Lebenschance eröffnen. Das ist das Thema Ihres Festes, mit dem ich ganz übereinstimme.

Leben erfordert innehalten, nachdenken und sogar kontemplieren können, damit wir fähig werden, uns zu sammeln, individuell und kollektiv. Das ist die Bedingung für eine richtige Entscheidung hinsichtlich sozialer und kultureller Maßnahmen. Wir brauchen sie heute, um eine weltweite Eskalation hin zu einer ökonomischen und kulturellen Entropie einzuschränken. Es sind die Frauen, die diese Maßnahmen fordern und realisieren müssen, unter Achtung ihrer Körper und ihrer subjektiven Freiheit.

Wie werden Frauen Bürgerinnen?

Rom, 8. April 1988

In *Speculum** habe ich geschrieben (S. 277-279), daß es für die erneute Etablierung einer politischen Ethik einer doppelten Dialektik bedarf, einer Dialektik für das männliche Subjekt und einer Dialektik für das weibliche Subjekt. Heute würde ich sagen, es bedarf einer dreifachen Dialektik: der des männlichen Subjekts, der des weiblichen Subjekts und der ihrer Beziehungen als Paar oder als Gemeinschaft.

Der schwache und gleichzeitig starke Punkt dieser Untersuchung betrifft das Problem von Subjektivität und Objektivität bei den Frauen.

Die Welt befindet sich heute in einer Identitätskrise. Es scheint mir ein gutes Omen für die Kommunistische Partei Italiens zu sein, daß sie sich dieser Krise bewußt wird, besonders was die Frage der Gerechtigkeit gegenüber den Frauen angeht. Das ist der Grund, weshalb ich hier bin mit der Hoffnung, Ihnen einige Vermittlungsvorschläge zu machen, die aus dieser Identitätskrise herausführen.

Ihre Verwirklichung setzt eine doppelte Anstrengung von seiten der Frauen voraus. Es ist grausam, aber wahr, daß in der Geschichtsepoche, in der wir leben, die Frauen viel mehr Anstrengungen machen müssen als die Männer. Aber der

---

* L.Irigaray, *Speculum, Spiegel des anderen Geschlechts*, Frankfurt am Main 1980.

Einsatz, um den es geht, lohnt der Mühe. Er entspricht der Sorge um das Leben und seine Kultur.

Die doppelte Anstrengung der Frauen besteht darin, ihre derzeitige Situation oder ihren derzeitigen Status nicht nur in ökonomischen, sondern auch in symbolischen Begriffen zu interpretieren. Sie müssen sich den Gedanken zu eigen machen, daß es für sie ebenso wichtig ist, ihren subjektiven und objektiven Status zu wahren oder zu erlangen wie in den existierenden ökonomischen oder kulturellen Kreislauf einzutreten. Ohne Beachtung dieser doppelten Zugehörigkeit: Frauen zu sein und Teil der heutigen Welt, laufen die Frauen Gefahr, alles zu verlieren, ohne Anerkennung zu finden.

Die Analyse dieses doppelten Bezugs verlangt heute viel Geduld, besonders von den Frauen, die arbeiten, und von denen, die versuchen zu denken, versuchen, sich zu denken; manchmal sind das im übrigen die gleichen. Kaum sind sie zu einer kollektiv geregelten Arbeit zugelassen, sollen sie Selbstkritik üben und sich nur solchen Gesetzen unterwerfen, die ihnen angemessen sind.

Das ist eine beträchtliche Aufgabe – die im allgemeinen nicht belohnt, sondern eher bestraft wird –, aber sie ist notwendig. Ihre Vernachlässigung oder ihre blinde Ausbeutung führten zu vielerlei Unruhe in der heutigen politischen Welt, insbesondere unter den Frauen.

Ich möchte Ihnen daher Elemente meiner Überlegungen vortragen – die auch aus einer ständigen Selbstkritik rühren, manchmal infolge der Begegnung mit verschiedenen Frauengruppen – und versuchen, einige Probleme zu lösen, die die Verbindung von Individuellem und Kollektivem betreffen. Es ist diese Verbindung, die in den heutigen Gesellschaften zum Problem wird, was die einen (Männer oder Frauen) dazu bringt, sich auf eine individuelle Position zurückzuziehen, und die anderen, sich in einem »man« oder einem kollektiven »sie« aufzulösen oder auszulöschen, wobei beides keine Lösung für die politischen Notwendigkeiten der Welt zu sein scheint.

Meine Vorschläge werden vierfacher Art sein.

1. Die ersten werden das Entstehen des subjektiven Status der Mädchen und der Jungen in der Beziehung zu der ersten Geschlechtspartnerin: der Mutter, betreffen.

2. Dann werde ich über die Benennung der beruflichen Identität, die Berufsbezeichnung der Frauen sprechen, ein Problem, das Ihnen bereits bekannt ist.

3. Ich werde kurz die geschlechtliche Dimension des Objekts oder der Güter im Besitz von Männern und im Besitz von Frauen analysieren.

4. Ich werde Ihnen schließlich konkrete Veränderungen vorschlagen, die es in das Recht einzuführen gilt, um den Frauen eine Identität innerhalb der bürgerlichen Gesellschaft zu geben. Dieser Schritt muß getan werden, will man eine elementare soziale Gerechtigkeit sicherstellen, und er ist notwendig, um zu einem Minimum an rechtlicher Kohärenz zurückzufinden.

Denn was bedeuten Arbeit und politische Zugehörigkeit der Frauen ohne eine ihnen angemessene bürgerliche Identität? Laufen sie nicht Gefahr, ein Erbe und eine Gesellschaft zu unterstützen und zu fördern, denen gegenüber sie Fremde bleiben und die sie – teilweise – als Personen auslöschen?

Der Wandel des Rechts im engeren Sinn muß im übrigen von einem Wandel der Sprache begleitet werden. Die Organisation des Rechts reflektiert die der Sprache und umgekehrt. In beiden, der einen wie der anderen, häufen sich heute teilweise heterogene und widersprüchliche Anteile, für die der Appell an ein neutrales Individuum keine Lösung darstellt, während gleichzeitig das Fehlen eines den Personen angemessenen Rechts in zahlreichen Delikten offenbar wird – so etwa in der privat oder öffentlich gegen Frauen und ihren Besitz ausgeübten Gewalt, der Vergewaltigung im strikten Sinn, dem ohne verantwortliche Entscheidung der Frauen betriebenen Geschäft mit der Pornographie, in der erzwungenen Prostitution, der Kindesentführung, dem (manchmal mit jungen Mädchen aufgezwungener Abtreibung verbundenen) Inzest oder jedem Mißbrauch ihres Körpers durch Väter, Brüder, Onkel oder andere Familienmitglieder, etc. Diese Mängel des Rechts entsprechen auf verblüffende Weise denen der Sprache und der Reden, die die Identität benachteiligter Personen betreffen – was den Schaden nur vergrößert und eine Klage unmöglich macht.

1. Entstehen der ersten Beziehung zur Mutter und Entstehen der geschlechtlichen Identität

Als Kinder werden wir von einer Frau geboren, von *ihr* gestillt, von *ihr* versorgt. Manche dieser Aktivitäten sind durch die Natur festgelegt (daß die Frau in sich empfängt, das Kind trägt, es zur Welt bringt, es stillt ...); für andere ist zumindest teilweise die Kultur verantwortlich: die mütterliche Fürsorge. Aber in den weitaus meisten Fällen ist für das Kind, gleich ob Junge oder Mädchen, die erste Gesprächspartnerin: *sie*, die Mutter. *Er* ist da, aber mit einer zeitlichen Verzögerung, in der die Beziehung zum Kind entweder gar nicht möglich ist (*in utero* zum Beispiel) oder sehr gering ist (mütterliche Versorgung).

Aber die Sprache, die Muttersprache genannt wird, verkehrt heutzutage die Dinge: *il* (er) oder *ils* (sie als Plural) ist oder sind da, überall; *elle* (sie) ist fast immer ausgelöscht, da alle Genuskongruenzen männlich sind.* Es geht nicht nur um die Übereinstimmung der Personalpronomen als Subjekte – bei denen das Problem im Italienischen weniger offensichtlich ist als im Französischen, da sie nicht unbedingt ausgesprochen werden müssen –, sondern um alle grammatikalischen Übereinstimmungen, die die anderen Pronomen, die Partizipien, die Adjektive, die Demonstrativpronomen, die Artikel etc. betreffen. Um *elle* (sie) zu gebrauchen, muß man von einer einzelnen Frau innerhalb einer sozialen Aktivität sprechen, eine Situation, die quasi nicht existiert und für die der Sprache der Wortschatz und die grammatikalischen Regeln fehlen. Ich werde in meinem zweiten und dritten Punkt darauf zurückkommen.

---

* Luce Irigaray setzt sich hier und im Folgenden mit den syntaktischen und grammatikalischen Formen der Genusbestimmung in der französischen Sprache auseinander. Zum Deutschen bestehen sowohl Unterschiede als auch Übereinstimmungen. So werden im Französischen etwa mit dem im Text angesprochenen Personalpronomen *ils*, dem Plural des maskulinen Personalpronomen *il* : *er*, alle gemischtgeschlechtlichen Gruppen und Kollektive bezeichnet: Familien, Paare, etc. Der männliche Plural subsumiert also beide Geschlechter, das Weibliche tritt nicht in Erscheinung. Der weibliche Plural *elles* (elle : sie) wird nur gebraucht, wenn ausdrücklich nur von Frauen die Rede ist. Im Deutschen ist nun der beide Geschlechter betreffende Plural gerade gleichlautend mit dem weiblichen Singular *sie*. Paare, Familien, Gruppen, Kollektive werden durch *sie* bezeichnet: *sie* – die Meiers, *sie* – die Schüler etc. Dennoch wäre es falsch zu denken, im Gegensatz zum Französischen hätte sich hier im Deutschen das Weibliche durchgesetzt. Historisch leitet sich der Plural *sie* nicht vom weiblichen Singular ab, sondern von *thiu*, einer Form ähnlich eher dem englischen *they*. Allerdings sollte man festhalten, daß von dieser historischen Ableitung oder Entstehung wohl kaum jemand mehr weiß und daß der beide Geschlechter meinende Plural *sie* seit Jahrhunderten als kongruent mit dem weiblichen Singular gehört wird. Angesichts der grundlegenden Thesen, die Luce Irigaray aus der männlich bestimmten Genuskongruenz ableitet – Verlust der geschlechtlichen

Warum muß die Frau einzeln und sozial aktiv sein (man müßte eigentlich hinzufügen: außerhalb der Ehe), damit das *elle* beibehalten wird? Weil alles Kollektive im gesellschaftlichen Leben mit dem männlichen Plural versehen wird. Aber auch im Privatleben, im Familienleben, angeblich den Domänen der Frauen par excellence, gibt es kein weibliches Genus außer in den ursprünglichen Beziehungen zur Mutter. Ich will damit sagen, daß ein Paar mit dem männlichen Plural gekennzeichnet wird, auch wenn es sich aus *il* + *elle* bildet; aber *il* + *elle* = *ils*. Das Weibliche der verheirateten Frau wird also zu *il(s)*. Oder auch: eine Familie wird immer mit dem männlichen Plural bezeichnet, auch wenn sie aus Mann und Frau oder Vater und Mutter und Kind(ern) besteht. Keine Form der Familie erlaubt die Beibehaltung der Bezeichnung *elle* – sie, die erste Gesprächspartnerin des Kind-Subjekts.

Identität für das Mädchen innerhalb der symbolischen, d.h. vor allem sprachlichen Ordnung, Verlust der ersten geschlechtlich bestimmten Gesprächspartnerin als ansprechbares Subjekt der Kommunikation für Jungen und Mädchen –, scheint dieser Sachverhalt der deutschen Sprache ein ernstzunehmender Einwand zu sein – weniger im Sinne einer Umkehrung, die bedeuten würde, daß in unserer Sprache das Männliche wenig Chancen zu einer Identitätsfindung hätte, als im Sinne der Frage, welchen Informationswert die generisch gebrauchten Personalpronomina tatsächlich haben. Betrachtet man unsere Syntax allerdings genauer, kommen Zweifel auf. Für alle anderen Pronomina gilt das gleiche, was L. Irigaray für das Französische feststellt. Die männlichen Pronomina werden im generischen Sinn gebraucht, das heißt sie gelten für die gesamte Gattung, umfassen also Männer und Frauen. Wir gebrauchen etwa *derjenige, der* und nicht *diejenige, die* im generischen Sinn, wir sprechen von *jedem* oder jedermann und subsumieren darunter Männer und Frauen, wenn Männer und Frauen im Wartezimmer sitzen, wird ein Arzt seiner Sprechstundenhilfe sagen: »Wenn noch ein *Patient* da ist, sagen Sie *ihm*, daß *er* reinkommen kann.« Etc. Gemischtgeschlechtliche Gruppen oder Kollektive werden männlich gekennzeichnet: 99 Lehrerinnen und ein Lehrer sind 100 *Lehrer*. In all diesen Formen bleibt auch

Dieses *elle* ist bereits in der Ehe- oder Familiengemeinschaft ausgelöscht (egal, ob sie institutionalisiert ist oder nicht). Die kleinen Mädchen und die kleinen Jungen werden daher keine Möglichkeit haben, ihre Mutter mit der Bezeichnung *elle* – sie – zu verbinden. Von ihrem Eintritt in die sprachliche Ordnung an wird *elle* – sie – für sie verloren sein. Das hat mehrere Konsequenzen.

a) Der Junge verliert seine erste geschlechtliche Gesprächspartnerin. Es gibt kein geschlechtlich bestimmtes weibliches *du* mehr für ihn. Alle wirklich gültigen Gesprächspartner sind *il(s)*. Die Sprache und die Gesellschaft, die Gesellschaft und die Sprache wollen es so. Diese Abwesenheit des Weiblichen als Genus, welches die Hälfte der Gesprächspartner repräsentiert, führt zum Fehlen einer Identifizierung der Frauen als Subjekte, an die man sich wendet. Das Weibliche hat nicht mehr den Status eines existierenden und Geltung besitzenden Gesprächspartners. Die Frauen sind Entitäten oder Dinge, Boden, Grund, Ressourcen, die gebären und bemuttern, mit denen man Liebe treibt, die den Haushalt machen etc., aber nicht Gesprächspartnerinnen im Diskurs. Selbst die Verführung, vermeintlich eine – mehr

---

im Deutschen das Weibliche unsichtbar, es tritt als Subjekt nicht in Erscheinung. Die sprachliche Situation ist also der des Französischen keineswegs unähnlich und bietet Anlaß genug, sich mit Luce Irigarays Thesen auseinanderzusetzen. In ihnen verschränken sich Sprachanalyse und psychoanalytische Theorie. Die fehlende Subjektform des Weiblichen in der Sprache entspricht der durch das Gesetz des Vaters strukturierten symbolischen Ordnung, in der das Weibliche nicht zum Signifikanten werden kann. Der Versuch, diese These über die sprachliche Sozialisation von Jungen und Mädchen zu konkretisieren, wirft sicherlich Fragen auf: Ist es zulässig, aus dem generischen, d.h. die Gattung betreffenden Gebrauch der männlichen Pronomina auf die *dialogische* Form zu schließen: Es gibt kein weibliches *du*, sei es als Kommunikationspartnerin, sei es als Identifikationsfigur? Mit diesen Fragen beschäftigt sich der Text. (A.d.Ü.)

oder weniger diabolische – Aktion des Subjekts selbst, ist in Wirklichkeit eine Sache der Mode, abhängig vom Kommerz und von gesellschaftlichen Konventionen, die in möglichst unauffälliger Form der Männerwelt entsprechen.

So wie dem kleinen Jungen seine Mutter als Partnerin fehlt, so fehlt dem Mann die Frau als Partnerin. Die Männer bleiben der Sprache zufolge unter Vätern und Söhnen oder unter Brüdern. Um ein *elle*, eine *elle* – um ein *sie*, eine *sie* – bestehen zu lassen, muß jenseits der Mutterschaft ein Recht auf die Virginität wiedergeschaffen werden. Allein die Identität des Mädchens als Jungfrau würde das Weibliche erhalten. Unsere Kulturen ahnen das so genau, daß die höchste göttliche Repräsentation des Weiblichen, Maria, als Jungfrau, Mutter des Sohnes dargestellt wird. Mutter plus Jesus, das ist immer noch *ils*. Was *elle* bleibt, ist die Jungfrau, das jungfräuliche Mädchen. Eine andere, ebenso notwendige Lösung läge darin, die weiblichen Genealogien und die Gemeinschaften der Frauen unter sich wiederherzustellen. Auf diese Weise könnte sich das *elles* – der weibliche Plural – erhalten. In diesem Zusammenhang muß betont werden, daß die Genealogie Anna – Maria, die der Geburt dessen, der Messias genannt wird, vorausgeht, heute in den meisten christlichen Kulturen ausgelöscht ist und daß im allgemeinen niemand weiß, daß von Maria gesagt wird, daß sie wie Jesus ohne Sünde empfangen wurde. Das verleiht ihrer Jungfräulichkeit einen anderen Sinn, vor allem im Verhältnis zu ihrer eigenen Mutter: ihrem *elle*, ihrem *elles* – *sie* als einzelne und *sie* als Gemeinschaft.

b) Denn was spielt sich gemäß unseren symbolischen Codes beim Mädchen ab? Sie verliert ihre geschlechtliche Identität. Das bedeutet, sie verliert das mütterliche *elle* und das *elle* ihrer Identität. Kein weibliches *du* für sie, das Mädchen; auch kein weibliches *ich*. Das Mädchen verliert die Beziehung zu einem Gesprächspartner ihres Geschlechts, zu einem *du* ihres Geschlechts und zu einem Subjekt, einem *ich* ihres Geschlechts. Sie ist aus dem Kreislauf der intersubjektiven Kommunikation ausgeschlossen, steht als Frau außerhalb des verbalen Austauschs, der sich in Beziehungen zwischen ihnen: *ils*, zwischen Repräsentanten des männlichen Geschlechts abspielt. Um *elle* zu sagen, muß sie lernen, entgegen der Sprache und der Gesellschaft ihre Mutter als *elle* zu erhalten und sich als *elle* im Verhältnis zu den anderen Frauen zu definieren oder zu bewahren. Andernfalls muß sie sich mit dem männlichen Geschlecht identifizieren.

Zwei sehr schwerwiegende Konsequenzen also, die die Privilegierung des männlichen Plurals nach sich zieht. Der Junge und der Mann haben keine Gesprächspartnerin(nen) mehr, das Mädchen und die Frau haben weder ein sprachliches Subjekt noch Gesprächspartnerin(nen). Die Welt des Diskurses spielt sich zwischen *ils* – ihnen, den männlichen Subjekten ab, und das bewirkt ernste Verzerrungen der Kommunikationsstrukturen und im Status der Subjektivität. Auf brutale Weise werden reale Personen nicht oder nicht ihrem Geschlecht entsprechend repräsentiert. Das führt zu Störungen in der Definition der Subjekte und Objekte der Kommunikation.

In psychoanalytischen Begriffen ist es zumindest in unseren Sprachen möglich zu behaupten, daß der Junge seinen, wie man sagt, Ödipus nicht löst. Und auch das Mädchen nicht. Die Sprache läßt die Männer unter sich, aber beraubt die Frauen eines solchen »unter sich«. Die sprachliche Ordnung erlaubt keine Lösung dieses Dilemmas. Sie entwertet das Weibliche als Gattung und überbewertet das Männliche.

Um die Auswirkungen dieser grammatischen Regeln für das sprechende Subjekt zu verifizieren, habe ich kleine Sprachtests von Schülern und Schülerinnen und von Studenten und Studentinnen machen lassen. Genauer gesagt, ich habe befreundete Lehrer und Lehrerinnen (die nichts mit meiner Arbeit zu tun haben) gebeten, sie durchzuführen. Die Tests wurden mündlich gestellt, die Antworten in den meisten Fällen schriftlich gegeben. Ich persönlich habe einige mündliche Antworten gesammelt. Die Antworten sind also etwas unterschiedlich, aber in den Punkten, die ich ausführen werde, unterscheiden sie sich nicht. Die Gruppen, deren Ergebnisse ich analysiert habe, sind heute auf ungefähr hundertfünfzig Frauen und hundert Männer angewachsen.* Aber ich habe auch viele verschiedene kleine Tests durchgeführt, deren Problemstellung sich überschneidet und die sich untereinander verifizieren. Diese Sprachtests werden zur Zeit für das Italienische, das Englische, das Holländische und bald auch für das Japanische, das Griechische und das Deutsche bearbeitet. Ziel ist, die Darstellung des Geschlechterunterschiedes in verschiedenen Sprachen und Kulturen und die möglichen Ähnlichkeiten und Übergänge zwischen ihnen zu untersuchen. Eine erste Französisch, Italienisch und Englisch vergleichende Arbeit wird demnächst in einer französischen Sammlung mit dem Titel *Sexe et genres à travers les langues* erscheinen.

Die aus diesen kleinen Sprachproben jetzt schon gewonnenen Ergebnisse bestätigen hinsichtlich der möglichen oder unmöglichen Beziehungen zwischen den Geschlechtern folgende Fakten:

- Die Männer bezeichnen sich oder ihresgleichen als Subjekt des Satzes. Das wird entweder explizit in den Eigen-

* Zum Zeitpunkt des Erscheinens des vorliegenden Buches waren die Stichproben weitaus gewichtiger.

namen oder den Pronomen deutlich oder in der syntaktischen Organisation und den grammatikalischen Markierungen des Satzes.

- Die Männer sprechen zueinander, kommunizieren untereinander, aber wenden sich selten an Frauen, ausgenommen der Inhalt der Botschaft versetzt diese in eine mütterliche Position (zum Beispiel: sie beklagen sich manchmal lieber bei *ihr* als bei *ihm* oder *ihnen* [den Männern]). Das kommt in den Bezeichnungen des Gesprächspartners und in den ausgetauschten Motiven oder Themen zum Ausdruck.
- Die Frauen bezeichnen sich selbst und andere Frauen selten als Subjekt der Rede. Sie machen viel häufiger die Männer zum Aussagesubjekt.
- Wenn die Frauen *ich* als Satzsubjekt gebrauchen, wendet sich dieses weibliche *ich* meistens an einen Man und nicht an eine oder mehrere Frauen. Es bezieht sich auch nicht auf sich selbst (zum Beispiel: »Ich frage mich«, »Ich betrachte mich selbst«, »Ich sammle mich«, »Ich berühre mich« etc.)

Diese Art der Antworten belegt die Schwierigkeit der Frauen:

a) sich selbst zu repräsentieren;

b) zu sich als empirischem Subjekt ein dialektisches Verhältnis zu entwickeln;

c) ihre Mutter und die anderen Frauen als andere als sich selbst zu respektieren;

d) sich Modelle, Projekte, Ideen, Gottheiten etc. zu entwerfen. Die meisten ertragen schlecht, daß einige es tun. Wir sollen empirische Subjekte bleiben, die eins mit männlichen Köpfen, selbst zu männlichen Köpfen werden oder in einer Art undifferenziertem und unpersönlichem, mehr oder weniger von männlichen Ideen beherrschtem *man* verharren.

Diese Sprachgewohnheiten, die in den recherchierten Antworten in Erscheinung treten, werfen ernste ethische Probleme auf. Tatsächlich sind in ihnen die Männer praktisch die einzigen Subjekte und die einzigen Gesprächspartner des verbalen Austauschs. Das Faktum, daß sie anstelle der Frauen das Geld verdienen, daß sie den Staat leiten, hat zur Folge, daß sie die Regeln und Normen des Diskurses ihren Bedürfnissen und Wünschen anpassen. Das ist nichts Erstaunliches. Um Produkte – agrarische oder hergestellte – zu tauschen, um die Bürger zu regieren, bedarf es symbolischer Gesetze. Da die Männer mit diesen Aufgaben betraut sind, haben sie sich diese Gesetze zu eigen gemacht.

Die Übertragung der Reproduktion und der Sorge für das Haus auf die Frauen hat von ihnen keinen sehr elaborierten sprachlichen Code erfordert, vor allem nicht, seitdem die Erziehung der Kinder in die Hände der Schule übergegangen ist. Die Sprache des weiblichen Subjekts hat sich daher auf das Minimum beschränkt. Die Frauen wurden dazu gebracht, über andere – Männer und Kinder – zu sprechen, nicht über sich. Ihre Reden bezogen sich auf unmittelbare und konkrete Dinge: die Sorge um die Nahrungszubereitung, um die Erhaltung des Hauses zum Beispiel. In den Beziehungen zu sich selbst waren nur die verführerische Aufmachung und die mit dem Kinderkriegen und der Erziehung der kleinen Kinder verbundenen Probleme von Bedeutung.

Diese Dimensionen der Sprache sind bei den Frauen immer noch präsent, und sie sind nicht belanglos in einer Kultur, in der die meisten Reden durch den Wiederholungseffekt einer entschwundenen Vergangenheit oder einer Abstraktion, die ihre Objekte und ihre Gesprächspartner aus dem Blickfeld verlieren, ihre Verankerung in der Realität verloren haben.

Der Diskurs der Männer bezieht sich vorwiegend auf konkurrierende Techniken zur Produktion konsumierbarer und austauschbarer Güter (selbst im überwiegenden Teil ihrer Freizeit ...). Er beschäftigt sich wenig mit der Bildung und Kultur des geschlechtlichen Subjekts, das der männliche Sprecher ist. Mannwerden scheint zu bedeuten, sich von sich selbst, von seiner konkreten und lebendigen Umgebung zu entfernen, in ein kodiertes, die Realität mehr oder weniger adäquat verdoppelndes Universum einzutreten, fähig zu werden zum Konkurrieren, zum Kriegführen etc. Es gibt glücklicherweise Ausnahmen, die diesen Normen nicht entsprechen, aber die sozialen und sprachlichen Regeln halten diese durch ein ganzes Netz von Gewohnheiten und Wertzuweisungen aufrecht.

Im Verhältnis zu diesen Eigenschaften des männlichen Diskurses weisen die von mir gesammelten und analysierten Aussagen von Frauen subjektive und objektive Werte auf, die es zu erhalten gilt:

- Während die Männer unter sich bleiben, setzen die Frauen viel stärker die Beziehung zum *anderen Geschlecht* in Szene. Ungeachtet der gesellschaftlichen und sprachlichen Normen belegen ihre Äußerungen ein Interesse für die Beziehungen zum anderen Geschlecht, das mir mit einer Kultur des Lebens verbunden zu sein scheint.
- Die Frauen interessieren sich ganz allgemein in viel stärkerem Maß für die *anderen*. Das zeigt sich zum Beispiel in der Bedeutung, die die transitiven Verben mit einer lebendigen Person als Objekt für sie haben: »Ich wasche ihn«, »Liebst du mich?«, oder auch die Intersubjektivität ausdrückenden Präpositionen: mit, zwischen, zu, für, etc.
- Die Frauen schenken der Frage des *Ortes* mehr Aufmerksamkeit: Sie sind den Dingen, den anderen nahe (was einer der indoeuropäischen Wurzeln des Verbs *sein* entspricht).

- Die Frauen interessieren sich stärker für die *Gegenwart* und die *Zukunft*, die Männer stärker für die Vergangenheit.
- Die Frauen sind mehr als die Männer darauf bedacht, eine *Botschaft* zu übermitteln. Sie bemühen sich immer, etwas zu sagen. Die Männer verharren in Passivität oder Sprachspielen, es sei denn, die Botschaft drückte ihren Seelenzustand aus.

Bestimmte Bestandteile der Reden von Frauen gilt es also zu bewahren, andere zu erwerben. Der Zugang oder die Rückkehr der Frauen zur kollektiven Arbeit, zur Öffentlichkeit, zu gesellschaftlichen Beziehungen erfordert in der Tat sprachliche Veränderungen. Die Notwendigkeit, die Regel der männlichen Form des gemischten Plurals zu überprüfen, ist ein Beispiel. Und denjenigen, die einwenden, es sei unmöglich, diese sprachliche Norm zu ändern, sie sei im übrigen ohne Bedeutung – da das Männliche das »Neutrum« (?), das »nicht markierte« (?) Geschlecht repräsentiere –, schlage ich vor, folgendem Gesetz zuzustimmen: ein Jahr soll der Plural männlich sein, das folgende weiblich. Dieses wirklich demokratische Verfahren wird nicht ohne Auswirkungen bleiben, die zu untersuchen wichtig wäre, um die Unbeweglichkeit der sprachlichen Normen aufzulösen.

2. Die Berufsbezeichnungen der Frauen

Ein anderes offensichtliches Beispiel für die derzeitige Unzulänglichkeit der Sprache zeigt sich in der Schwierigkeit, den beruflichen Status von Frauen zu bezeichnen. Wenn die Frage der Berufsbezeichnungen soviel Zuspruch findet, so weil sie einen Zwischenraum zwischen Subjekt und Objekt repräsentieren. Es geht darum, einen beruflichen Status zu *besitzen*, einen Posten und Geld zu *haben*, aber gleichzeitig sind diese Dinge nicht besitzbar wie irgendein beliebiges Objekt. Der berufliche Status ist Teil der subjektiven Identität, auch wenn er nicht ausreicht, sie zu begründen. Außerdem läßt sich eine solche Forderung leicht mit in der männlichen Welt bereits vorhandenen Forderungen vereinbaren. Es ist daher relativ einfach klarzumachen, um was es geht, und es stößt auf beinahe allgemeine Zustimmung. Die Forderung nach weiblichen Berufsbezeichnungen steht häufig nur im Widerspruch zu sprachlich bereits kodierten Realitäten (ein Beispiel: *moissonneuse [Mähmaschine und auch Schnitterin, Erntearbeiterin]* und *cafetière [Kaffekanne und Kaffeehausbesitzerin]* bezeichnen Gegenstände und lassen sich nicht ohne Konnotationen in Bezeichnungen für Personen ummünzen)*, oder sie stößt auf gesellschaftliche Widerstände nur auf den Ebenen, zu denen den Frauen der Zugang entweder gestattet oder verboten ist. Das führt zu einigermaßen

---

* Die durch Anhängen der Endung *euse* gebildeten weiblichen Berufsbezeichnungen im Französischen verweisen häufig gleichzeitig auf Sachgegenstände und bezeichnen zudem meist wenig angesehene Tätigkeiten. Diese Form der Neubildung ist heute daher nicht mehr üblich; eine 1985 von der französischen Regierung eingesetzte Kommission hat sogar die offizielle Empfehlung ausgesprochen, sie nicht mehr zu verwenden. Im Deutschen ist das Problem der Berufsbezeichnungen zwar auch bekannt, aber es stellt sich in anderer Form. Wir verfügen über das Suffix *in*, mit dem wir von praktisch jeder männlichen Form eine weibliche ableiten können, oder wir verwenden das Kompositum *-frau* (z.B. Kauffrau) –, Verbindungen zu Sachgegenständen bestehen nicht. Allerdings wird die weibliche Form immer als geschlechtsspezifische Variante der allgemeinen männlichen Form aufgefaßt. Das Problem der Bezeichnung gemischtgeschlechtlicher Personengruppen bleibt nach wie vor bestehen. Vgl. dazu M. Hellinger, *Zum Gebrauch weiblicher Berufsbezeichnungen im Deutschen*, in: *Linguistische Berichte*, Nr. 9, 1980, S. 37-58. (A.d.Ü.)

amüsanten sprachlichen Verzerrungen, wozu ich Ihnen ein Beispiel vorlesen möchte. (Es ist der Zeitschrift *L'Indépendant* vom 3. September 1987 entnommen, und zwar den Todesanzeigen; ein Linguist, der Sprachgewohnheiten der Gegenwart untersucht, hat es mir übermittelt.)

»Nicole Chouraqui, ehemaliger stellvertretender Generalsekretär des R.P.R., Europaabgeordneter, stellvertretender Bürgermeister von Paris ist infolge eines Krebsleidens im Alter von neunundvierzig Jahren in ihrem Pariser Wohnsitz gestorben.

Am 18. März in Algier geboren, hat sich die ausgebildete Ökonomin nach einer beruflichen Karriere als Finanzexperte bei der Pariser Unionsbank von 1960 bis 1966 als Mitglied der Radikalen Partei im politischen Leben engagiert. 1970 tritt sie dem R.P.R. bei, wird 1977 Mitglied des politischen Vorstands und 1978 stellvertretender Generalsekretär. Von 1981 bis 1984 ist sie für den Bereich Arbeit zuständiger nationaler Sekretär (secrétaire national chargée du travail), 1979 wird sie zum europäischen Abgeordneten gewählt und 1984 wiedergewählt.

Sie war Ratsmitglied des 19. Arrondissements von Paris, stellvertretender Bürgermeister Jaques Chiracs und zusätzlich Mitglied des Regionalrats der Ile-de-France. Verheiratet mit dem Versicherungskaufmann Claude Chouraqui, war sie Mutter von zwei Töchtern.«*

---

* Nicole Chouraqui, ancien secrétaire général adjoint du R.P.R., député européen, maire adjoint de Paris est décédée à son domicile parisien à l'âge de quarante-neuf ans des suites d'un cancer.

Née à Alger le 18 mars 1938, cette éonomiste de formation, après une carrière d'analyste financier à la banque de l'Union parisienne de 1960 à 1966, s'était engagée dans la vie politique en adhérant au Parti radical. En 1970, elle rejoint le R.P.R., dont elle sera membre du bureau politique jusqu'en 1977, puis secrétaire général adjoint en 1975.

Dieses Beispiel betrifft die Todesanzeige einer Politikerin. Mir scheint, daß es bezeichnend ist. Damit auf diese Weise über eine *einzelne* Frau gesprochen wird, ist es möglicherweise notwendig, daß sie stirbt. Wer weiß? In diesem kleinen Nachruf ist alles, was in einem engeren Sinn die einer Frau zugestandene Identität betrifft, in der weiblichen Form ausgedrückt, der Rest in der männlichen. So ist Nicole Chouraqui:

- décéd*ée* (gestorben) in ihrem Pariser Wohnsitz im Alter von neunundvierzig Jahren;
- n*ée* (geboren) in Algier am 18. März 1938;
- mari*ée* (verheiratet) mit dem Versicherungskaufmann Claude Chouraqui;
- und Mutter von zwei Töchtern (bravo für »Töchter« und nicht »Kinder«, die Mentalitäten machen Fortschritte!).

Aber der Rest des kleinen Textes weist grammatikalische Anomalitäten und Schwankungen im Gebrauch des Genus auf, die deutlich machen, daß wir diesbezüglich mitten in einer Übergangsepoche sind.

So ist Nicole Chouraqui »ehemaliger stellvertretender Generalsekretär des R.P.R.« und nicht ehemalige stellvertretende Generalsekretärin des R.P.R. Weil sie selbst oder weil der R.P.R. eine stellvertretende General-Sekretärin, eine Schreibmaschinen-Kurzschrift- Datenspezialistin hat, die selbstverständlich eine »sie« ist? Oder weil der Posten des Generalsekretärs der R.P.R. nahezu immer durch einen

---

Secrétaire national chargée du travail, de 1981 à 1984, elle est élue député européen en 1979 et réélue en 1984.
Conseiller de Paris dans le XIXe arrondissement, adjoint au maire Jacques Chirac, elle était aussi conseiller régional d'Ile-de-France. Mariée à l'assureur Claude Chouraqui, elle était mère de deux filles.«

Mann besetzt wird und es fast ein Sakrileg wäre, diese gehobene Amtsbezeichnung zu feminisieren? Im übrigen stößt man in beiden Alternativen auf das gleiche Problem: die Differenz in der Wertbemessung des männlichen und des weiblichen Geschlechts.

Wenn ich den Text weiterlese, sehe ich, daß Nicole Chouraqui »europäischer Abgeordneter« (»député européen«) war und nicht »europäische Abgeordnete« (»députée européen*ne* oder »député européen*ne*). Tatsächlich ist »deputé« (abgeordnet«, »Abgeordneter«) ein subjektiviertes Partizip Perfekt. Es könnte leicht zu seiner eigentlichen grammatischen Form zurückkehren und die weibliche Markierung übernehmen. Aber wenn es männliches Substantiv bleibt, kann dann das begleitende Adjektiv die weibliche Form annehmen, um eine Frau zu bezeichnen?

Ich fahre fort: Nicole Chouraqui ist also »ausgebildete Ökonomin« (»économiste de formation«), die ausgebildete Ökonomin darf weiblich bleiben. Dagegen hat sie sich »nach einer beruflichen Karriere als *Finanzexperte (analyste financier)* bei der Pariser Unionsbank von 1960 bis 1966 als Mitglied der Radikalen Partei im politischen Leben engagiert. 1970 tritt sie dem R.P.R. bei und wird 1978 dessen stellvertretender Generalsekretär«. Wir finden also das Maskulinum, wenn es um das Berufsleben und um bedeutende politische Posten geht. Die Frauen dürfen als Frauen eine ökonomische Ausbildung machen, aber nicht die Karriere eines Finanzexperten oder die des stellvertretenden Generalsekretärs einer Partei.

Ich fahre fort: Als (männlicher) »nationaler Sekretär« (»secrétaire national«) kann sie dennoch von 1981 bis 1984 in weiblicher Form »mit dem Bereich Arbeit betraut werden« (»charg*ée* du travail de 1981 à 1984«)! Ich wiederhole: »*Secrétaire national chargée du travail, de 1981 à 1984,* wird sie

1979 zum europäischen Abgeordneten gewählt und 1984 wiedergewählt.« Die grammatikalische Kongruenz muß wahrhaftig neu überdacht werden. Denn wenn Nicole Chouraqui »Secretaire charg*ée* du travail« war, weshalb war sie dann nicht zum Beispiel auch »secrétaire nation*ale*«? Kurz, dieser kleine Text, der sicherlich um Genauigkeit bemüht ist, demonstriert uns auf amüsante Weise die gegenwärtige Schwierigkeit, die das Genus betreffenden Grammatikregeln anzuwenden, und die Notwendigkeit, sie weiterzuentwickeln. Denn was in Frage steht, betrifft keinen Stil, der sich von Publikation zu Publikation ändern könnte, sondern ein Problem der Sprachregeln und ihres Gebrauchs.

3. Das Geschlecht von Objekten und Gütern

Die weiblichen Subjekte und ihre beruflichen Eigenschaften sind also auf der sprachlichen Ebene noch schlecht repräsentiert. Und in den romanischen Sprachen ist es nicht möglich, den geringeren Wert des Weiblichen durch die erfolgreiche Aneignung von Gütern oder Objekten wettzumachen. Tatsächlich manifestiert sich im Italienischen oder Französischen die Geschlechterdifferenz nicht unmittelbar auf der Ebene des besessenen Objekts wie etwa im Englischen oder Deutschen. In unseren Sprachen nimmt das Possessivpronomen das Genus des Objekts an und nicht das des Besitzers. Man sagt: *Il ou elle voyage avec sa voiture* (er oder sie reist mit seinem Wagen); *il ou elle embrasse son enfant* (er oder sie umarmt sein Kind); *il ou elle a écrit son livre dans sa maison* (er oder sie hat sein Buch in seinem Haus geschrieben). Und während eine angelsächsische Feministin Befriedigung darüber empfinden kann, *ihren* Ehemann zu haben (ebenso wie er *seine* Frau hat), *ihr* Haus erworben, *ihre* Stelle an der Universität erkämpft, *ihr* Buch geschrieben zu haben, ist das für uns in dieser Weise nicht möglich, da wir eine unter subjektivem Gesichtspunkt vielschichtigere Sprache haben. Das bedeutet, daß die Subjekt-Objekt-Beziehungen viel komplexer sind und daß in ihnen ebenso wie die Subjekte auch die Dinge und die Wörter selbst geschlechtliche Eigenschaften haben.

Es ist heute modisch zu sagen, das Genus der Worte sei willkürlich, es hätte keinerlei Beziehung zur Frage des Geschlechts. Das ist ungenau. Das Genus der Worte ist auf die eine oder andere Weise mit der Frage des Geschlechts des sprechenden Subjekts verbunden. Die Wörter haben gewissermaßen ein verborgenes Geschlecht, und dieses Geschlecht wird ungleich bewertet, je nachdem, ob es männlich oder weiblich ist. Das ist nicht immer unmittelbar wahrnehmbar, und man muß oft eingehende Untersuchungen des Wortschatzes vornehmen, synchronische und diachronische, um es sichtbar zu machen. Solche Untersuchungen decken auf, daß sich das Geschlecht eines Wortes zum Beispiel erklärt:

- durch eine vergessene geschlechtliche Identifikation;
- durch eine semantische Wurzel, die auf die eine oder andere Weise die Geschlechtsidentität evoziert;
- durch ein Präfix oder ein Suffix, das mit einem eher dem einen als dem anderen Geschlecht zugeschriebenen Tun oder Zustand verbunden ist;
- durch die historische Epoche, in der sich das Wort in der Sprache festgesetzt hat, und den damals den Geschlechtern beigemessenen Wert;
- durch die Herkunftssprache etc.

Die Genusbestimmungen bestimmter Wörter scheinen deutlich einer Identifizierung der benannten Realität und dem

Geschlecht eines Subjekts verbunden zu sein. So ist in unseren romanischen Kulturen die Sonne, le soleil, das Emblem des Mannes geworden, des Gott-Mannes: Dieser ist die Sonne, oder die Sonne ist er.* Der Mond, la lune, wird daher die Repräsentantin des Weiblichen, der Schwester des Gott-Mannes. Auch die Erde wird als Schwester (oder Mutter) bezeichnet, deren Bruder (oder Vater) der Himmel ist. Häufig bleibt etwas von dieser Identifizierung im Genus der Wörter erhalten. Und das männliche Genus wird ab einer bestimmten Epoche das wertvollere, da es vermeintlich das Göttliche und dessen spirituelle Qualitäten repräsentiert.

Aber auch ein anderer Mechanismus als die Identifizierung von bezeichneter Realität und Geschlecht spielt eine Rolle:

- die lebendigen, beseelten, menschlichen, kultivierten Wesen werden männlich;
- die leblosen, unbeseelten, nicht menschlichen, nicht bearbeiteten Objekte werden weiblich.

Das bedeutet, daß die Männer die alleinigen gesellschaftlichen Subjekte geworden sind und die Frauen Tauschobjekte zwischen ihnen.

Diese Genusbestimmung der Wörter scheint mit den patriarchalischen Kulturen einherzugehen; sie definieren sich durch den Frauentausch unter Männern, die Herrschaft des Vaters über die Familie und die Patrilinearität (oder die dieser vorausgehende vom Avunkulat bestimmte matrilineare Struktur), die Aneignung der Güter durch den Mann-Vater: Boden, Werkzeuge, Haus, Kunst, Sprache, Götter, Himmel, etc. Der Patriarch besitzt also Frauen und Werkzeuge

---

* Sonne: *le soleil* ist im Französischen maskulinum, der Mond: *la lune* femininum.

als Güter, die häufig mit dem weiblichen Geschlecht gekennzeichnet sind. Selbst die mütterliche Funktion, die natürliche und die spirituelle, fällt dieser Einverleibung anheim, indem man die weibliche Virginität für die Errichtung der Macht der Götter-Väter der Männer dienstbar macht. So ist Athena als Jungfrau die spirituelle Beschützerin der neuen griechischen Polis, einem Gemeinwesen der Männer unter sich, und Maria ist die Jungfrau-Mutter, die den Menschensohn* hervorbringt. Diese Ereignisse fallen, leider!, mit dem Verschwinden der weiblichen Göttergeschlechter, der weiblichen Genealogien und der sozialen Beziehungen der Frauen untereinander zusammen. Sie eröffnen eine Zeit, in der die Frau zum Ding und die dem Mann nützlichen Dinge weiblichen Geschlechts werden. Das ist einer der Gründe, weshalb die Berufsbezeichnungen für Frauen oft Probleme aufwerfen: Das Weibliche des männlichen Begriffs ist Genus eines Gegenstandes des Mannes geworden (*le moissonneur*, der Mäher, ist ein Mann, die weibliche Form *la moissonneuse* ist ein nützliches Werkzeug des Mannes [Mähmaschine]).

Es besteht also eine dreifache Schwierigkeit, will man dieses Wort gebrauchen, um den beruflichen Status einer Frau zu benennen.

- Der Mann hält fest am Geschlecht seines Werkzeugs, das seine Geschlechtspartnerin ablöst.
- Die Frau will keine auf der Ebene von Personen abwertende Bezeichnung, und was ihr vorgeschlagen wird, ist eine Gegenstandsbezeichnung oder eine Bezeichnung mit abwertendem Suffix: *doctoresse* zum Beispiel.
- Wie kann man eine Frau mit einer Maschine arbeiten lassen, die sie ersetzt hat?

---

* Frz.: *Fils de l'Homme; homme* bedeutet *Mensch* und *Mann*. (A.d.Ü.)

Es sind also sowohl auf sprachlicher als auch auf sozioökonomischer Ebene komplexe Probleme. Wenn die Linguisten oder die Gesetzgeber behaupten, das männliche Genus sei eine Art Neutrum und ohne Zusammenhang mit dem Geschlecht des Subjekts, täuschen sie sich. Es gibt in der Sprache sehr wohl zwei Geschlechter, und es sind unterschiedliche Werte, die mit ihren Ausdrucksformen als Nomen, Pronomen und als Genus der Worte verbunden sind.

Die Neutralität der geschlechtlichen Dimension der Wörter mit dem Argument zu unterstützen: *generischer* Term für das Maskulinum, *markierter* Term für das Femininum, heißt unwillentlich die Chancenungleichheit der beiden Geschlechter eingestehen. Aber der Einfluß der Sprache ist so stark, daß manche Frauen wünschen, sich dem generischen Maskulinum anzugleichen und nicht das Femininum als generisch zu valorisieren. Mir scheint, sie vergessen, sich die Frage nach ihrem Status als geschlechtliches Subjekt auf der realen und imaginären Ebene und die nach der Struktur der Sprache, die sie sprechen, zu stellen.

Aber ebenso wie die Frage des Geschlechts des Subjekts in der gesamten Arbeitswelt und in den gesellschaftlichen Beziehungen nicht ausgelöscht werden kann – und dort wird eine Frau sehr rasch daran erinnert, daß sie eine Frau und kein neutrales Individuum ist –, so ist es auch beim Besitz imaginärer Güter. Unter diesem Aspekt erscheinen mir all die Streitigkeiten um das Geschlecht des Phallus in unseren Sprachen, in denen das Objekt sein Geschlecht wahrt und nicht das des Besitzers annimmt, besonders problematisch. Anders gesagt, während in bestimmten Sprachen eine Frau behaupten kann, *ihren* Penis oder vielmehr *ihren* Phallus zu haben, geht das in unseren nicht. Unsere Sprachen (d.h. das Französische und Italienische) haben eine komplexere Subjekt-Objekt-Struktur, weniger auf den Besitz des Objekts zentriert, dessen Effekt das Subjekt gewissermaßen wäre. Unsere Kulturen sind subjektiv differenziertere Kulturen, und es ist wünschenswert, daß sie es bleiben. Es scheint, daß unter diesem Gesichtspunkt bestimmte italienische Marxisten bis zu einem gewissen Punkt die Bedeutung der Kultur in dem, was soziale Gerechtigkeit genannt wird, geahnt oder begriffen haben. Ihre Untersuchungen oder Überlegungen muß man weiterführen und nicht denken, es sei möglich, ein in einer anderen Sprache aufgestelltes theoretisch-praktisches Modell in die eigene zu übertragen. Ich denke dabei an die klassischsten Modelle des Marxismus und der Psychoanalyse. Sie müssen auf unsere romanischen Sprachen abgestimmt werden, um wirklich treffend zu sein. Wenn nicht, laufen sie Gefahr, sich selbst zu denunzieren.

Sowohl in dem einen als auch in dem anderen dieser zeitgenössischen Kulturmodelle wird von den unaufgelösten Problemen auf seiten der Frauen gesprochen. Freud hat schließlich seine Unkenntnis hinsichtlich dieses »dark continent« eingestanden, und Marx hat unterstrichen, daß die erste Ausbeutung des Menschen durch den Menschen die Ausbeutung der Frau durch den Mann ist, insbesondere auf der Ebene der Arbeitsteilung.

Wie also ist dieses Problem der Ungleichheit im Hinblick auf die Geschlechterdifferenz in Wissenschaft und Recht zu lösen?

Um den Frauen – und übrigens den Männern als Männern ebenfalls – eine subjektive Chance zurückzugeben, muß man heute die Frage der dem einen und dem anderen Geschlecht zugestandenen Rechte überprüfen, der Rechte im strikt juristischen Sinn. Das schließt eine Veränderung der symbolischen Systeme nicht aus, sondern muß sie notwendigerweise begleiten.

4. Elemente eines weiblichen Zivilrechts

Tatsächlich ist das geschriebene Recht ein für eine Männergesellschaft eingesetztes Recht. Der Aufbruch der Frauen aus dem Privatraum des Hauses und der Familie, ihr Eintritt in die Arbeitswelt und den Bereich der Öffentlichkeit hat die derzeitige Rechtsprechung vor allem auf der Ebene des Personenrechts in Frage gestellt. Das Alibi des neutralen Individuums hält einer Realitätsprüfung nicht stand: Die Frauen werden schwanger, die Männer nicht; die Frauen und die Mädchen werden vergewaltigt, die Jungen sehr selten; der Körper von Frauen und Mädchen dient gegen ihren Willen der Prostitution und der Pornographie, der der Männer unendlich viel weniger etc. Und Ausnahmen von der Norm oder Gewohnheit zählen nicht als Einwand, solange die Gesellschaft mehrheitlich von Männern verwaltet wird, solange sie es sind, die die Gesetze erlassen und anwenden.

Auch das Argument von der Pluralität der Bürger gilt nicht. In der Gesellschaft existieren zwei Geschlechter und nicht einfach Menschen: Junge, Arbeiter, Behinderte, Immigranten, Arbeitslose, Frauen etc. Die Dringlichkeit und die Simplizität des rechtlichen Problems, um das es heute im Personenrecht geht, läßt die Politiker und Juristen in ein mehr oder weniger religiös gefärbtes Pathos des Mitgefühls für geschlechtlich neutralisierte Individuen verfallen. Alle Unterschiede sollen Geltung haben, ausgenommen dem, der eine Gesellschaft konstituiert: der Geschlechterunterschied! Es gibt mehrere Gründe für diesen Widerstand:

a) die Notwendigkeit, die Trennung zwischen Gesellschaftlichem und Religiösem zu überdenken;
b) die Notwendigkeit, das Verhältnis von Rechten und Pflichten in ein neues Gleichgewicht zu bringen;
c) eine Schwierigkeit der Männer zuzugestehen, daß die

Frauen eigenständige, nicht auf sie zurückführbare mündige Personen sind;

d) die Unmöglichkeit, die es gegenwärtig für die Männer darstellt, sich ein Recht vorzustellen, das nicht dem Gleichheitskonzept entspricht.

Es gibt noch andere, darunter die blinde Beschleunigung, mit der sich unsere Kulturen auf ein unklares, sogar inexistentes Ziel hinbewegen: Resultat eines ungeordneten Profitstrebens und eines sich daraus ergebenden unvorstellbaren Gemischs von Kulturen und Sprachen.

Als Frau möchte ich Ihnen – Ihnen als politisch sensibilisierten und in gemischten Zusammenhängen arbeitenden Frauen – Veränderungen nahelegen, die es von den Juristen zu fordern gilt, um eine bürgerliche Identität der Frauen herzustellen. Statt wie die kleinen oder heranwachsenden Mädchen jedesmal aufs neue und immer *gegen* etwas zu kämpfen, empfehle ich Ihnen, Rechte *für* uns Frauen zu fordern. Freilich wird es in dieser Forderung eine negative Seite geben, das heißt einen Teil, der der Befreiung von der über die Frauen ausgeübten Herrschaft im patriarchalischen Recht entspricht. So ist leider das erste Recht, das es zu fordern gilt, das Recht auf Menschenwürde.

Ich werde also in einem »gesetzmäßigen« Stil einige Punkte einer den Individuen-Frauen angemessenen Gesetzgebung vortragen und dabei mit dem Aspekt der Befreiung beginnen.

1. Das Recht auf Menschenwürde, also:

- Keinen Gebrauch ihres Körpers oder von Bildern ihres Körpers zu kommerziellen Zwecken mehr;
- Ihnen selbst in Gesten, Worten und Bildern entsprechende und akzeptierbare Darstellungen in allen öffentlichen Bereichen;

- Keine Ausbeutung eines funktionalen Teils von ihnen durch die staatlichen und religiösen Institutionen mehr: die Mutterschaft zum Beispiel.

2. Das Recht auf menschliche Identität, das heißt:

- Die rechtliche Festschreibung der *Virginität* als Bestandteil der weiblichen Identität – nicht umsetzbar in Geld, auf keine Weise durch die patriarchalische Familie, den patriarchalischen Staat oder eine entsprechende Religion verwertbar. Dieser Teil der weiblichen Identität verleiht dem jungen Mädchen einen gesellschaftlichen Status und ein Recht, ihre Jungfräulichkeit, solange sie es wünscht, zu bewahren (auch in ihrer eigenen Beziehung zum Göttlichen) und Klage gegen jeden in und außerhalb der Familie zu führen, der sie antastet. Selbst wenn es stimmt, daß die Mädchen in unseren Kulturen weniger zwischen Männern getauscht werden, bleiben doch zahlreiche Bereiche, in denen Handel mit ihrer Jungfräulichkeit getrieben wird, und nichts hat den Status ihrer Identität als Körper, der Tauschobjekt zwischen Männern ist, abgelöst. Die Mädchen brauchen eine positive Identität, auf die sie sich auf individueller und gesellschaftlicher Ebene als Bürgerinnen dieser Gesellschaft beziehen können. Eine solche autonome Identität der Mädchen ist ebenso Voraussetzung für eine freie Einwilligung der Frauen in Liebesbeziehungen und in die Institution der Ehe, wenn diese etwas anderes sein sollen als die Auslieferung der Frauen an die männliche Macht.
- Das Recht auf Mutterschaft als Bestandteil der weiblichen Identität. Wenn der Körper Rechtsgegenstand ist, und das ist er, dann muß der weibliche Körper auf zivilrechtlicher Ebene als jungfräulicher und potentiell gebärender, d.h. potentiell Mutter werdender Körper identifiziert wer-

den. Eine Frau muß daher ein zivilrechtlich verankertes Recht haben zu entscheiden, ob und wie oft sie schwanger werden will. Sie oder eine von ihr bevollmächtigte Person muß die Geburt des Kindes in das staatliche Geburtenregister eintragen lassen.

3. Die wechselseitigen Pflichten von Müttern und Kindern werden gesetzlich definiert, damit die Mutter auf Grundlage eines Gesetzes ihre Kinder schützen und von ihnen unterstützt werden kann. Dies gibt ihr die Möglichkeit, im Falle von Vergewaltigungen, Gewalttätigkeiten oder Entführungen, die die Kinder, insbesondere die Mädchen betreffen, im Namen der Gesellschaft Klage zu erheben. Die jeweiligen Pflichten der Mutter und des Vaters sind Gegenstand verschiedener Rechtsetzung.

4. Die Frauen müssen ein zivilrechtlich geschütztes Recht haben, ihr Leben und das ihrer Kinder, ihre Wohnstätten, ihre Traditionen, ihre Religion gegen jede einseitig aus männlichem Recht resultierende Entscheidung zu verteidigen.

5. Auf rein finanzieller Ebene:

- Unverheiratete dürfen nicht durch Steuern oder irgendeine andere Auflage für ihren Status bestraft werden.
- Wenn der Staat Kindergeld gewähren will, muß es für jedes Kind gleich sein.
- Die Medien, wie etwa das Fernsehen, für die Frauen die gleichen Steuern zahlen wie die Männer, müssen ihnen zur Hälfte zur Verfügung stehen.

6.Die Kommunikationssysteme, zum Beispiel die sprachlichen, müssen so verändert werden, daß sie Frauen und Männern ein gleiches Recht auf Austausch sicherstellen.

7. Die Frauen müssen in allen gesellschaftlich relevanten Entscheidungsstellen – auch den religiösen, da auch die Re-

ligion eine gesellschaftliche Macht darstellt – auf paritätischer Grundlage repräsentiert sein.

Das sind einige Beispiele vorrangiger Rechte, die es ins Gesetz einzuschreiben gilt, um die Identität der Frauen als Bürgerinnen zu definieren. Daraus folgt eine Neudefinition der Rechte und Pflichten der männlichen Bürger. Die Vortäuschung angeblich neutraler und mehr oder weniger gleicher Individuen kann heute nicht mehr aufrechterhalten werden, insbesondere nicht nach den Lehren des Marxismus, der Lehre Freuds, den Befreiungsbewegungen der Frauen, den Bewegungen zur Befreiung der Sexualität, den sozialen und religiösen Befreiungsbewegungen, und auch nicht auf Grund dieser Verschmelzung der Kulturen, die wir erleben und über deren grundlegende Komponenten wir nachdenken müssen.

Selbst in den Arbeitsabläufen im strikten Sinn ist diese Neutralisierung der Geschlechter nicht möglich. Ich gebe drei einfach zu begreifende Beispiele.

1. Die Frauen können sich aus verschiedenen Gründen nicht den gleichen Rhythmen unterwerfen wie die Männer, und es muß nicht so sein, daß der Rhythmus der Männer als Norm erscheint.

2. Die Einsatzmittel der Arbeit, die Produktionsmittel und Produktionstechniken, werden immer noch weitgehend von den Männern bestimmt, und es besteht kein Grund, daß die Frauen sich ihnen als einzigen oder besseren Modellen als denen, die sie entwerfen würden, unterwerfen.

3. Selbst in den auf Sprache und ihrer Kodierung basierenden Technologien scheint es sinnvoll, die Beziehungen der Frauen zu den natürlichen und künstlichen Sprachen zu überdenken, bevor man schließt, daß ihr leichter Zugang zu diesem Arbeitstypus einen gesellschaftlichen Sieg für sie darstellt. Er kann auch zu einer subtileren Entfremdung von

ihrer Identität und dadurch zu einer neuen Art Entfremdung von dem Ganzen des gesellschaftlichen Zusammenhangs beitragen.

Natürlich muß ein gleiches Recht auf Arbeit und entsprechenden Lohn für beide Geschlechter erreicht werden. Aber damit diese soziale Gerechtigkeit existieren kann, muß man den Frauen gleichzeitig, sogar vorrangig, eine bürgerliche Identität verleihen; wenn nicht, werden die entsprechenden Rechte niemals endgültig und niemals erschöpfend erworben.

Die Frauen als bürgerlich-rechtliche Personen müssen das Recht auf Arbeit und Lohn erwerben, aber nicht als Männer, die einige problematische Besonderheiten aufweisen: Regel, Schwangerschaft, Kindererziehung etc. Die Frauen müssen nicht einen kleinen Platz in der patriarchalischen Gesellschaft erbetteln oder usurpieren, indem sie sich als halbgelungene Männer ausgeben. Sie repräsentieren die Hälfte der Bürger der Welt. Sie müssen die Identität als Bürgerinnen mit den dieser Identität entsprechenden Rechten erhalten: Personenrechte, Rechte in bezug auf Arbeit, Güter, Liebe, Kultur, etc.

Bürgerliche Rechte und Pflichten für beide Geschlechter

Florenz, 10. September 1988

Ich möchte das, was ich Ihnen sagen werde, unter das Zeichen der bürgerlichen Verantwortlichkeit der Frauen stellen. Ich nehme damit eine von Livia Turco in ihrem Referat auf dem Forum *Il tempo delle donne* gebrauchte Formulierung auf. Diese Formulierung ist mir ebenso wichtig wie ihr, und wenn ich über die Rechte spreche, die die Frauen erringen müssen, dann werde ich auch über ihre Pflichten sprechen, über die Notwendigkeit, daß sie in den Genuß gesellschaftlicher Rechte kommen, um ihre gesellschaftlichen Pflichten zu achten.

Hinsichtlich dieser gesellschaftlichen Rechte und Pflichten möchte ich ein weiteres Mal auf die Figur der Antigone zurückkommen: wegen ihrer Aktualität und auch, weil diese Frauenfigur heute dazu benutzt wird, die Aufgabe und die politische Verantwortung der Frauen herabzumindern.

Nach den geläufigsten Interpretationen – mythischen, metaphorischen, unhistorischen Interpretationen, wie alle, die ein ewig Weibliches herausstellen – wäre Antigone ein junges Mädchen, das sich der politischen Macht widersetzt, da sie die Regierenden und die Regierungen verachtet. Antigone wäre eine Art junge Anarchistin, auf du und du mit dem Herrn, von einer Gottesbegeisterung erfüllt, die sie eher den eigenen Tod antizipieren läßt, als daß sie im hiesigen Leben, also auch in der Ordnung der Stadt, Verantwortung übernehmen würde. Antigone würde die rechtliche

Ordnung im Namen eines familial-religiösen, ein wenig selbstmörderischen Pathos zerstören wollen, das nur die Unschuld und Unberührtheit ihrer Jugend entschuldigte und sogar verführerisch machte.

Demagogie in bezug auf die Jugend ist in unserer Zeit Mode. Was diese letzte Version der Antigone zeigt, die ich im August im französischen Fernsehen von Männern habe diskutieren hören, die bei diesem Thema als intellektuelle und geistige Autoritäten gelten.* Das ist die Interpretation, die in der heutigen Kultur von dieser uns rätselhaft gewordenen Frauenfigur gegeben wird. Antigone ist nichts von all dem. Sie ist jung, das stimmt. Aber sie ist weder anarchistisch noch selbstmörderisch, noch am Regieren desinteressiert, wie das in dieser Sendung erneut behauptet wurde. Das kommt all denen gerade recht, die sagen, wenn die Frauen nicht an der Regierung teilhaben, dann deshalb, weil sie nicht regieren wollen ... Antigone regiert, soweit es ihr erlaubt wird. Sie setzt in jener Epoche, in der die männliche Königsmacht ihren Anfang nimmt, einem Befehl einen anderen entgegen. Antigone hält an der Achtung der Ordnung unter folgenden Aspekten fest:

1. Man muß die kosmische Ordnung respektieren, insbesondere das Licht der Sonne und den irdischen Ort des menschlichen Lebens.

2. Man muß die mütterliche Genealogie achten und nicht zulassen, daß sie Kriegen untergeordnet wird, die die Männer um den Zugang zur Macht führen. Die mütterliche Genealogie achten bedeutet, daß man Sorge trägt für die von der Mutter geborenen lebendigen Körper, daß man sie bestattet, wenn sie tot sind, daß man weder den Älteren dem

* Die der Antigone gewidmete Sendung »Océaniques« im August 1988. Moderatoren: Pierre-André Boutang und George Steiner.

Jüngeren vorzieht (etwa Eteokles dem Polyneikes) noch den Sohn der Tochter.

3. Diese Aufgaben sind in jener mit der Achtung der Götter verbundenen Zeit Teil der gesellschaftlichen Ordnung: In der Epoche des weiblichen Rechts sind die weltlichen und religiösen Mächte noch nicht getrennt.

4. Die Bestattungsriten sind unerläßlich, damit die Ordnung der Stadt erhalten bleibt, um die Erde und den Himmel zu schützen, in die sie eingebunden ist.

Alles Unglück, das über Antigone kommt, rührt daher, daß Kreon diese elementaren Gesetze nicht respektieren will. Das tritt bei der Bestattung des Polyneikes zutage, anläßlich des Totenkults, der dem Toten zuteil werden muß. Antigone will weder die Unordnung noch den Tod. Sie hat keine Verachtung a priori für die Regierenden. Sie sagt: Das Gesetz fordert die Bestattung. Die Körper der Toten müssen begraben werden, andernfalls macht man sich schuldig vor dem öffentlichen und dem religiösen Gesetz. Sie wirft dem König, Kreon, vor, daß er die Ordnung nicht respektiere und dem Gesetz untreu sei; sie tut dies unter Einsatz ihres Lebens, aber sicher nicht aus Liebe zum Tod. Antigone ist in keiner Weise die ungestüme, ungeduldige, sich um Rechte und Pflichten nicht scherende Person, die uns in einer aus subjektiver Verzweiflung und dekadentem Nihilismus rührenden Alternative vorgeschlagen wird: Es gäbe auf der einen Seite von der Macht Verderbte, auf der anderen die jungen, selbstmörderischen Anarchisten. Die Intellektuellen, die sich in derartigen Dilemmata gefallen, würde ich fragen: »Was habt ihr außer den Verderbten und den Jungen vorzuschlagen?« – abgesehen von euren Todesschwelgereien, selbst wenn sie aufrichtig sein sollten. Aber ist in ihnen nicht die Sorge um das Leben und um die Wahrheit verlorengegangen, und sind sie nicht gerade aus diesem Grund – leider! – ein Fernseherfolg?

Die Wahrheit der Antigone hat nichts mit solchen theatralisch-pathetischen Zurschaustellungen zu tun. Antigone ist weder eine Außer-sich-Geratene noch eine Exhibitionistin, und wenn ihr ihr ein angemessenes Angedenken verschaffen wollt, empfiehlt sich ein wenig mehr Gewissenhaftigkeit.

Antigone respektiert die natürliche und die soziale Ordnung, indem sie die Erde und die Sonne wirklich (nicht metaphorisch) achtet, indem sie als Tochter die mütterliche Genealogie achtet, indem sie das mündliche Gesetz respektiert und nicht das geschriebene, das eingesetzt wird und jenes ignorieren will. Das ist Antigone. Ihr Beispiel ist auch heute noch wert, daß man über sie als historische Figur nachdenkt – und als Identität oder Identifikationsfigur vieler heute lebender junger Mädchen oder Frauen. Für eine solche Betrachtung muß man die Figur der Antigone aus allen manipulierenden und reduzierenden Interpretationen herausnehmen und auf das hören, was sie hinsichtlich der Regierung der Stadt, über ihre Ordnung und ihre Gesetze wirklich sagt.

Antigone weist auf ihre Weise den Weg zu einer Rückkehr des Politischen zur Objektivität. Sie macht deutlich, daß die Emphase der verführenden und leeren Reden, die nur bezwecken, Macht zu erringen, innerhalb des Gemeinwesens Unordnung sät, die Götter beleidigt und sogar das kosmische Gleichgewicht zerstört.

Sie erinnert daran, daß die irdische Ordnung einer rein gesellschaftlichen Macht entspricht, daß sie aber auf der kosmischen Ordnung gegründet sein muß, auf dem Respekt vor der Erzeugung des Lebendigen, auf der Achtung gegenüber der mütterlichen Genealogie, ihren Göttern, ihren Rechten, ihrer Organisation.

Gegen die Machtkämpfe zwischen Männern, die Konflikte darum, wer der König sein wird, die endlose Eskalation, wer und egal um welchen Preis dem anderen überlegen sein wird, dagegen setzt sie ihr *Nein*. Sie legt dar, daß die Ordnung des Gemeinwesens und die politische Verantwortung keine konfliktgeladene Polemik sein dürfen, die um ihrer selbst willen geführt wird, »um seinen Platz an der Sonne zu haben«, um seine Wünsche, sogar seine Habgier zu befriedigen: All das führt zu endlosen Kriegen. Sie sagt, daß das Recht einen Inhalt hat und daß man diesen Inhalt respektieren muß.

Es scheint sinnvoll, diesen Inhalt des bürgerliche Rechts in unserer Zeit erneut zu überdenken, auch im Licht der Wahrheit der Antigone.

Tatsächlich haben die Männer seit Jahrhunderten die Gesellschaft verwaltet. Sie haben daher die Gesetze nach ihren – bewußten oder unbewußten, klaren oder dunklen – Vorstellungen vom Gemeinwesen gemacht. Sie haben alle menschlichen Gruppen nach ihren Bedürfnissen oder Wünschen organisiert.

Der Niedergang der patriarchalischen Familie, der Eintritt oder die Rückkehr der Frauen in die Öffentlichkeit verlangen eine Neustrukturierung der bürgerlichen Gesellschaft. Es geht nicht darum, wieder die alte Zweiteilung einzuführen: die Männer als Bürger, die Frauen als Nicht-Bürger (im Haus oder außerhalb des Hauses), es geht vielmehr darum, die bürgerliche Gesellschaft entsprechend den heutigen Notwendigkeiten umzuformen oder neu zu organisieren.

Heute sind Männer und Frauen unzivil (*incivils*), und es ist nicht das Anwachsen der den Erwerb oder Besitz von materiellen oder sogar geistigen Gütern betreffenden Rechte, das die fundamentale Unzivilität (*incivilité*) zwischen den Personen regeln wird. Sicher, das Patriarchat hat sich organisiert, indem es den Akzent stärker auf Erwerb von Reichtümern gelegt hat als auf die Achtung des Lebens und die Intersubjektivität zwischen den Menschen, die notwendig ist, damit diese Achtung besteht. In unserer Zeit sind wir fasziniert von den unendlichen Subtilitäten in bezug auf die Produktion, den Handel, den Besitz von Gütern. Wir wissen fast nichts mehr über den Umgang zwischen Personen. Wir haben uns den Gütern, dem Geld, dem ökonomischen Tausch im engen Sinn soweit ausgeliefert, daß wir Gefahr laufen, unsere elementare physische und moralische Gesundheit zu verlieren.

Und ich wundere mich, daß die meisten Anhänger oder Repräsentanten der geistlichen Macht so viel über das Geschlechtliche als Ort der Schuld und des Verlustes der Göttlichkeit sprechen und so wenig über das Geld, ausgenommen vielleicht in manchen sogenannten Befreiungstheologien. Als läge die Schuld nicht in der Prostitution des Geschlechtlichen für Geld, nicht aber in der Achtung des Geschlechtlichen selbst, die Bedingung ist für das Leben, die Liebe, die Generierung und Regenerierung der Welt.

Aber da ich denke, daß Sie in diesem Punkt bereits sensibilisiert sind, möchte ich zu der Form übergehen, in der die zivilen Rechte und Pflichten für Männer und Frauen instauriert oder restauriert werden müssen. Sie werden im übrigen bemerken, daß die Frage der Achtung zwischen den Geschlechtern, der jedem Geschlecht angemessenen bürgerlichen Identität, sich immer mit den Problemen des Geldes überschneidet oder zumindest mit dem Vorrang, den der Besitz von Gütern gegenüber der Achtung zwischen den Menschen genießt.

Mit wem soll ich beginnen, um die Orte der Unzivilität (*incivlité*) zu bezeichnen: mit den Männern oder den Frauen, den Frauen oder den Männern? Wenn ich mit den Männern beginne, werden Sie versucht sein zu sagen: Damit müssen wir rechnen, und Sie werden das, was ich sagen werde, eher als Echo aggressiver Anschuldigungen verstehen als auf seinen Inhalt zu hören. Wenn ich mit den Frauen beginne, würde ich ungerecht erscheinen, zumindest in meinen Augen, denn als Frauen haben die Frauen keine Rechte. Wie sollte ihnen in bezug auf sie der Respekt fehlen? Die Unzivilität der Frauen rührt vor allem daher, daß sie keine ihnen angemessenen Rechte fordern. Ich werde darauf zurückkommen. Ich möchte zunächst aufzeigen, wodurch die heutige Rechtsprechung bei den Männern einen chronischen Mangel an ziviler Gesinnung gegenüber den Frauen zuläßt. Diese werden in einem Zustand politischer Bevormundung gehalten oder politisch als Kinder behandelt. Das erklärt, weshalb sie sich nur allzu oft mit der Rolle der Unmündigen oder Marginalen im Verhältnis zur Ordnung des Gemeinwesens zufriedengeben und auch, daß sie einen Abscheu gegen das Recht entwickeln, da es einen solchen Mißbrauch zuläßt. Das entspricht nicht der Figur der Antigone. Im Gegenteil, in diesem Mißbrauch des Rechts durch die Männer, werden Sie bestimmte Zeichen jener Unordnung wiederfinden, die bereits Antigone dem König Kreon vorwirft, bestimmte Elemente eines weiblichen Rechts, die es heute in das Gesetz einzuschreiben gälte.

Unzivil sind nach ihrer und meiner Meinung die Männer, die sich um des Geldes willen das Recht nehmen, die Natur, die Sonne und die Erde, das Wasser und die Luft zu mißachten.

Unzivil sind die Männer, die die Arbeit nicht achten, die die Frauen durch das Kindererzeugen leisten, die ihren Körper und den der anderen wegen irgendwelcher gesellschaftlichen oder auch kriegerischen Machtspiele zwischen Männern zerstören.

Unzivil sind auch diejenigen, die sich das Recht nehmen,

die Toten nicht zu bestatten, so daß sie die kosmische Welt, die Welt der Götter und der lebendigen Menschen beflekken. Und sie können hier auch das rechtliche Gewicht der Forderung Antigones gegenüber einem politischen Tyrannen – zu jener Zeit Kreon – ermessen.

Unzivil sind die Männer, die die Genealogie der Frauen nicht respektieren, die die Kinder und vor allem die noch unberührten Mädchen als ihren Besitz betrachten. Dieser Gebrauch der jungen Mädchen wird in der ethnologischen Theorie zur Basis der Kultur erklärt. Der Frauentausch, der Austausch der jungen Mädchen unter Männern, soll dasjenige sein, was die Existenz unserer Kultur definiert und erhält. Die einzige rationale Begründung dieser Konzeption der Kultur ist das Inzestverbot zwischen Sohn und Mutter, Vater und Tochter, Bruder und Schwester. Man kann sich nur darüber wundern, daß die Nicht-Realisierung des realen Inzests zu einer solchen Inbesitznahme der Mädchen durch die Väter und später durch die Ehemänner führen soll. Das entspricht einem symbolischen Inzest. Aber auch der reale Inzest existiert, und zwar viel häufiger als bekannt ist. Unter den mir befreundeten Frauen, unter denen, die sich mir anvertraut haben, sind viele auf die eine oder andere Art von einem Mitglied ihrer Familie vergewaltigt worden: vom Vater, Großvater, Schwiegervater, Bruder etc. Wenn die minderjährigen Mädchen staatliche Hilfe erbitten (auf Polizeirevieren, in Beratungsstellen etc.), werden sie wieder dem Täter übergeben, jedenfalls dem Vater. In unserer Zeit stehen einem Mädchen, das von ihrem Vater vergewaltigt wurde oder im Falle des Inzests innerhalb der Familie von dieser festgehalten wird, sehr wenige gesetzliche Mittel zur Verfügung! Inzest, unfreiwillige Abtreibungen von Heranwachsenden, die auf diese Weise schwanger geworden sind, geschehen im stillen und ohne Aufsehen. Der Staat duldet diese Barbarei der Familienoberhäupter. Die Mutter schweigt, weil sie nichts zu sagen wagt. Sie weiß im übrigen nicht, was sie sagen soll. Auch sie, die Mutter, hat keinerlei Rechte über ihre Kinder gegenüber dem Familienoberhaupt. Zumindest sind ihre Rechte aus verschiedenen Gründen schwer geltend zu machen. Angesichts dieser beiden Barbareien (*incivilités*) der Männer:

- die noch unberührten Mädchen in Besitz zu nehmen, um die symbolische Ordung ihrer Kultur zu gründen,
- darüber hinaus den realen Inzest innerhalb der Familie zu praktizieren,

ist eine rechtliche Absicherung erforderlich. Mein Vorschlag lautet, das Recht auf die Virginität den Mädchen selbst zuzuerkennen, nicht dem Vater, Bruder oder zukünftigen Ehemann. Anders gesagt, ich denke, daß das Recht auf Virginität als Recht auf Respektierung der physischen und moralischen Integrität Teil der bürgerlichen Identität der Mädchen sein müßte.

Tatsächlich betrifft die Virginität genau genommen ein physiologisches Problem: die Bewahrung oder den Verlust des Hymen. Die Männer sind häufig lediglich an diesem Aspekt interessiert, insbesondere um das Mädchen unter sich als Tauschobjekt einsetzen zu können. Das bürgerliche Gesetz muß das Mädchen jedoch vor jedem sexuellen Mißbrauch schützen – auch wenn er nicht unmittelbar die Defloration betrifft – und so seine physische Integrität garantieren.

Unter diesem Gesichtspunkt sind auch die Männer unzivil, die Frauen ohne deren verantwortliche Zustimmung besitzen, vergewaltigen, prostituieren, das heißt ohne gesetzlich garantierte subjektive Reziprozität.

Unzivil sind auch die Männer, die das Bild des weiblichen

Körpers für Zwecke der Pornographie oder Werbung mißbrauchen. Das Gesetz muß die moralische Integrität (virginité) der jungen Mädchen schützen, indem es Bilder und eine Sprache zur Auflage macht, die den Wert der weiblichen Sexualität achten. Das heißt, die öffentliche Werbung, aber auch die Programme und Publikationen der Medien müssen die geschlechtliche Identität der Frauen respektieren. Wenn der Frauenkörper als Gegenstand von Pornographie oder Prostitution dargestellt wird (die heute mehr oder weniger von der Werbung betrieben werden), muß das als Vergehen gegen die zivil-rechtliche Ordnung geahndet werden.

Das verbreitete Alibi, diese Art der Werbung würde durch die Zulassung von Phantasien den Akt hinausschieben oder ersetzen, erscheint mir in unseren angeblich zivilisierten Gesellschaften von grausamer Ironie. Solche Behauptungen belegen offen, daß in unseren Gesellschaften die Frauen kein Rederecht haben, daß sie keine gleichwertigen Bürger sind. Sie würden so nicht argumentieren, es sei denn, sie unterwerfen sich der männlichen sexuellen Identität. Solange sie keine eigene Identität als Bürgerinnen haben, ist es leider normal, daß sie sich den einzig bestehenden Modellen beugen, sogenannten neutralen, tatsächlich aber männlichen Modellen. Daher die Notwendigkeit, den objektiven Inhalt des Rechts der bürgerlichen Personen als Männer und als Frauen – das neutrale, geschlechtslose Individuum ist lediglich eine kulturelle Fiktion – neu zu definieren und zu versuchen, die rechtlichen Grundlagen für eine mögliche Reziprozität zwischen den Geschlechtern zu schaffen.

Unzivil oder auch einfach verantwortungslos sind die Männer, die die Frauen zwingen, sich ihren Normen, nicht nur den sexuellen, sondern all ihren Normen, zu beugen. So etwa ist es nicht gerecht, daß die Arbeitsbedingungen und die Arbeitsziele ausschließlich von der Männerwelt bestimmt werden und die Frauen gezwungen sind, sich ihnen zu unterwerfen, wenn sie auf legale Weise Geld verdienen wollen. Die Frauen stellen die Hälfte der menschlichen Gesellschaft dar. Gerecht wäre, daß sie ihnen selbst entsprechende Normen aufstellen, nicht aber, daß sie den Männern entsprechen müssen, um Zugang zur öffentlichen Ordnung zu erlangen. Richtig wäre auch, daß sie als Frauen die Werte verteidigen können, die ihnen wichtig sind.

Ich habe an erster Stelle die Verteidigung ihres Körpers durch das Recht auf Virginität angeführt. An zweiter Stelle werde ich das Recht auf freie Verfügung über ihren Körper nennen, insofern er an das Kindergebären gebunden ist, also das Recht auf die Mutterschaft. Aber ich betone diesen Punkt nicht sehr, da er schon oft angeschnitten worden ist. Das heißt nicht, daß dieses Recht nicht definitiv und ohne Restriktionen in das Bürgerliche Gesetzbuch aufgenommen werden muß. Meiner Ansicht nach ist es notwendig, ein besonderes Recht der Mütter gegenüber den Kindern, die sie geboren haben, hinzuzufügen. Natürlich sind diese von Frauen und Männern gezeugt worden, aber eben nur gezeugt. Die Arbeit der Schwangerschaft, des Gebärens, des Stillens und der Versorgung ist Aufgabe der Frauen. Gewiß gibt es überall in der Welt bezüglich der Kinderversorgung einige Ausnahmen. Aber jedes demokratische Verständnis zwingt uns anzuerkennen, daß das die Ausnahme ist, und ich frage mich, ich frage Sie, weshalb, wenn es um die Frauen geht, immer die Ausnahme gegen die Norm angeführt wird. Was immer es mit der ausnahmsweise von Männern als Arbeit verrichteten Kinderversorgung auf sich hat, die Frauen kümmern sich jedenfalls mehr um das Leben und die physische und moralische Integrität ihrer Kinder. Es scheint daher folgerichtig, daß sie in dieser Aufgabe von der bürgerlichen Gesellschaft unterstützt werden, daß sie der bevorrechtigte Vormund der minderjährigen Kinder sind und daß sie über gesetzliche Mittel verfügen, um gegen die Verführung oder Vergewaltigung von Kindern, gegen die ihnen im Verborgenen der Familie zugefügten Schläge und Verletzungen, gegen das ihnen unter Umständen aufgezwungene Übermaß an Arbeit vorzugehen. Die Mütter-Kinder-Pflichten müßten meiner Ansicht nach wechselseitig sein. Ein Kind wird also das Recht und die Pflicht haben, gesetzliche Hilfe für seine Mutter zu verlangen, wenn diese in Gefahr ist; dabei kann es sich zum Beispiel um Gewalttätigkeiten handeln, die sie erleidet, oder auch um wirtschaftliche Not. Sicher müssen auch die Väter Rechte gegenüber ihren Kindern behalten. Aber die Erfahrung belegt, daß ihre Rechte nicht vorrangig sein sollten, da viele sie mißbrauchen oder über sie verfügen, ohne auch die entsprechenden Pflichten einzugehen.

Eine solche Konzeption der Beziehungen zwischen Müttern und Kindern müßte meiner Vorstellung nach eine Veränderung der Erziehung zur Mutterschaft zur Folge haben. Diese müßte eine gesellschaftliche, nicht nur private Aufgabe werden – was nicht heißt, daß sie vom Staat geleitet werden soll. Es würde die Frauen dazu verpflichten, ihre Kinder als autonome Personen zu respektieren, ebenso wie die Kinder ihre Mütter als solche achten müßten. Es wäre nicht mehr von Nutzen, die unerläßliche Funktion des Vaters als Drittem vorzuschützen. Die Zivilgesellschaft selbst wird dieses Dritte sein, das, was der Mutter und den Kindern eine sie betreffende Verantwortung verleiht. Der Vater entspricht keinem Dritten. Er ist der Liebespartner der Mutter. Das ist nicht das Gleiche. Warum sollte ein Elternteil in einer dualen Beziehung mit dem Kind sein und der andere der unparteiische Dritte? Eine solche Konzeption der elterlichen Beziehungen ist nur in einer Gesellschaft gültig, in der allein die Männer als verantwortungsvolle Bürger betrachtet werden und die Frauen und Kinder Minderjährige unter männlicher Vormundschaft bleiben oder, anders gesagt, in der sie kulturlose Unterentwickelte zu Lasten der wahren, einzig und allein von den Herren-Männern verfügten Kultur sind.

Die Unzivilität der Männer läuft in der Tat über diesen Kernpunkt, der alles übrige bestimmt oder zuläßt: Die Männer, und nur sie, sind fähig, das Gemeinwesen zu leiten, nur sie setzen die gesellschaftlichen und die religiösen Normen. Diese Normen entsprechen nach ihrer Vorstellung der Wahrheit, andere kann es nicht geben. Diese Normen haben seit aller Ewigkeit existiert, jedenfalls innerhalb dessen, was sie Geschichte nennen, ihre Geschichte. Alles übrige wäre nur Chaos, Unordnung, Obskurität, Teufelei oder Obszönität. Das ist die angeblich rationale Vorstellung von der Entwicklung der Menschheit. Sie entspricht nur einigen Jahrtausenden unserer Kultur. Wahrheit und Gerechtigkeit verlangen, daß wir uns informieren, auf welche Weise diese Kriterien als einzige Normen einer Gesellschaft Anwendung gefunden haben, und daß wir die Kriterien einer anderen Kultur als mögliche Kriterien einer gesellschaftlichen Organisation ins Auge fassen: die Achtung des Lebens, dessen, der es hervorbringt, der Genealogie, aus der das Leben hervorgeht; die Achtung der Natur in ihrer Fruchtbarkeit, die Achtung des Wohnorts, der Göttinnen und Götter, die für die Sicherheit und die Spiritualisierung von Frauen und Männern notwendig sind, die Achtung von Bilder- und Symbolsystemen, die beiden Geschlechtern angemessen sind; die Achtung der jungen Mädchen und der Jüngeren ohne übermäßige Privilegierung des Ältesten in der Familie, etc.

Diese Normen entsprechen meist einer Ordnung, die das Leben und seine Kultur nicht der Herrschaft des Geldes unterwirft. Das Elend unserer heutigen Welt rührt aus dieser

Verkehrung: zuerst das Geld, dann das Leben, ohne daß eine konsequente Analyse der Hierarchie dieser Werte erfolgt. Denn sicher ist das Geld notwendig, aber nur insofern es dem Leben dient. Wenn nicht, wozu dient es?

Wenn die Männer sich also in vielen Punkten unzivil verhalten, wenn sie insbesondere für die Verkehrung der Priorität von Leben und Geld verantwortlich zu sein scheinen, so halten die Frauen auf andere Weise ihre Pflichten als Bürgerinnen nicht ein. Die Männer sind unzivil aus einem Übermaß an Rechten und einem Mangel an Pflichten, die Frauen aus einem Mangel an Rechten und einem Übermaß an Pflichten, denen sie sich durch Launenhaftigkeit entziehen, durch einen Subjektivismus, der keine sozialen Grenzen kennt – sei es in Form eines immerwährenden Infantilismus oder in Form eines sich auf den sozialen Bereich erstreckenden mütterlichen Autoritarismus. Diese Art, an der gesellschaftlichen Ordnung oder Unordnung teilzuhaben, wäre vielleicht erträglich, solange sie im Verborgenen der Familie geschieht. Die Frauen lassen dort manchmal ihre Erregung aus oder entschädigen sich für ihren Mangel an Identität durch autoritäres Verhalten gegenüber ihren Kindern. Sie trösten sich auch über ihre Knechtschaft hinweg, indem sie ein gewisses Vergnügen daran entwickeln, ausgehalten zu werden, oder durch ihren Wunsch, Geschenke zu bekommen oder zu kaufen: Möbel, Kleider, Schmuck etc. All das bleibt Teil des ökonomischen Systems, in dem wir immer noch leben.

Es wird mehr und mehr deutlich, daß Geld nicht genügt, um die menschliche Identität und die menschliche Würde zu garantieren. Das Geld, das die Frauen als Preis für ihre Unterwerfung unter den Ehemann und die für den Staat nützliche Institution der Familie erhalten, das Geld, das sie selbst verdienen und das ihnen eine relative gesellschaftliche Autonomie und Freiheit gewährt, dieses Geld kann ihnen dennoch keine Identität als Bürgerinnen dieser Gesellschaft verleihen. Die ökonomische Unabhängigkeit der Frauen macht deutlich, daß ihnen diese Identität fehlt. Das gesellschaftliche In-Erscheinung-Treten der Frauen hat die gleich Funktion. Sie genügt ebensowenig wie das Geld, um sie zu Bürgerinnen zu machen. Was sie zu diesen machen kann, sind ihnen entsprechende zivile Rechte und Pflichten.

Die von den Frauen in den letzten Jahren errungenen Rechte sind zum größten Teil solche, die es ihnen erlauben, in die Haut von Männern zu schlüpfen, die sogenannte männliche Identität zu übernehmen. Sie regeln nicht die Probleme der Rechte und Pflichten, die sie als Frauen gegenüber sich selbst, ihren Kindern, den anderen Frauen, den Männern, der Gesellschaft haben.

Mehr noch, die Rechte, die sie errungen haben, bringen sie sogar manchmal in eine Konfliktsituation: Sie können zum Beispiel über ihre Mutterschaften entscheiden, aber sie verfügen über keine weibliche Identität, die ihnen erlauben würde, diese Entscheidung zu treffen. Ein weiteres Ungleichgewicht: Ihre Angleichung an die männliche Identität hindert sie daran, ihre regulative Funktion gegenüber der sozialen Ordnung auszuüben, was ein gutes Alibi liefert, sie ins Haus unter die Vormundschaft des Ehemannes zurückzuschicken – in der Hoffnung, daß der Einfluß der Frauen im Privaten der Familie einen günstigen Einfluß auf die öffentlichen Angelegenheiten der Männer haben wird.

Man muß hinzufügen, daß die von den Frauen errungenen Rechte nichts über die Pflichten der Frauen untereinander besagen. Wenn ein Mann sich gegenüber einer Frau nahezu alles herausnehmen kann, was er will, so gilt das gleiche für eine Frau gegenüber einer anderen Frau. Die Verfehlungen der Frauen in dieser Hinsicht werden all zu häufig mit

Schweigen übergangen oder nach gefühlsmäßigen, nicht aber bürgerlich-rechtlichen Kriterien beurteilt. Sie werden verurteilt oder entschuldigt – aber ohne Maß, ohne objektive Einschätzung. Ihnen sollen die gleichen Zugeständnisse zukommen wie den Kindern, den Benachteiligten, den Kranken. Und es ist richtig, daß die Frauen, da sie keine eigenen Rechte genießen, als Frauen nicht zur bürgerlichen Reife gelangen. Aber gerade das ist der Grund zu verlangen, daß sie Rechte haben sollten, die Kriterien für ihre Verantwortlichkeit aufstellen. Die privaten, vertraulichen Beziehungen, die rein zufälligen Verbindungen, die private Bevormundung oder geistige Bemutterung haben Gültigkeit nur vor oder nach der Herstellung bürgerlicher Rechte für jede Frau, dem Erreichen einer von der Gesellschaft garantierten Freiheit und Autonomie. Daß die Frauen einander auf dem Weg zur privaten oder gesellschaftlichen Reife unterstützen, ist in unserer Zeit unerläßlich, es wird immer wünschenswert bleiben, aber diese Unterstützung kann nicht eine zivilrechtlich definierte Identität ersetzen. Die Frauen können sich nicht mehr oder weniger heimlich Rechte verleihen und dabei auf ihren Status als Bürgerinnen verzichten. Sie können ihr Ausgeschlossensein von der Verwaltung des Gemeinwesens nicht fortsetzen, in gesellschaftlichen Randbereichen bleiben und sich dabei auf die eine oder andere Weise symbolische Organisationen schaffen, die für alle Frauen Geltung haben, für die eines Landes, aber auch für die der ganzen Welt.

Tatsächlich bringt das, was auf seiten der Frauen geschieht, ein Erfordernis unserer Gesellschaften zum Ausdruck: sie – die Frauen – müssen das Recht auf die geschlechtliche Identität neu bestimmen. Die geschlechtliche Dimension (nicht die Geschlechterwahl) muß Teil der bürgerlichen Identität werden. Das erst würde uns die Möglichkeit geben, die Sexualität anders als auf der Ebene der Partialtriebe zu sublimieren – die einzige Lösung, die Freud vorgeschlagen hat. Denn die einzige Regulierung der Sexualtriebe ist, so sagen Freud und die geistigen Autoritäten, die uns noch immer das Gesetz vorschreiben, die Reproduktion. Aber die Reproduktion ist weder etwas spezifisch Menschliches noch ist sie besonders sublim. Das Recht auf Virginität dagegen, auf frei bestimmte Mutterschaft, auf das Vorrecht in der Vormundschaft der Kinder, das Sorgerecht für sie, das Recht, Sorge zu tragen für die sprachlichen Ausdrucksmittel und die symbolischen Beziehungen, all dies sind Rechte, die auch Pflichten beinhalten.

Rechte haben – jedenfalls auf der Ebene von Personen – impliziert, Pflichten zu haben. Auf der Ebene von Gütern ist das weniger klar ... Die Rechte, die ich für die Frauen fordere, haben zum Zweck, daß sie als Bürgerinnen dieser Gesellschaft selbst die Verantwortung für sich übernehmen; sie sollen sie zu verantwortungsvollen mündigen Bürgerinnen machen. Es ist ihre Sache, ihre Virginität zu schützen, ihre Mutterschaft, ihren Winkel der Natur, ihr Haus, ihre Bilder, ihre Sprachen, ihren Gott oder ihre Götter, ihre Göttin oder ihre Göttinnen. Es liegt bei ihnen, zu Subjekten zu werden, die fähig sind, ihre Sexualtriebe zu sublimieren, ihre Sexualität zu kultivieren, ihr einen Rhythmus, Zeitlichkeit und Ziele zu geben. Dazu brauchen die Frauen Rechte.

Die Rechte, die ich in Zusammenhang mit der Unzivilität der Männer aufgeführt habe, würden die Frauen für sich selbst verantwortlich machen und sie aus der Rolle gesellschaftlich Unmündiger, die fortwährend Forderunen stellen, befreien. Sie würden verantwortlich für ihre physische und moralische Integrität, verantwortlich für ihre Mutterschaften und für ihre Kinder, für ihren Wohnort und ihr Haus, für ihre Bildung, ihre Kultur. Frauen sind gewissenhaft. Aber damit sie eine Aufgabe erfüllen, muß man sie ihnen anvertrauen. Fehlen derartige gesellschaftliche Verantwortlichkeiten, bleiben sie instabil, unzufrieden, in der Kritik befangen. Allein zivile bürgerliche Rechte sind in der Lage, sie von solchen wirren und oft unfruchtbaren Verhaltensweisen zu emanzipieren.

Eine soziale Beziehung hat immer in irgendeiner Form mit bürgerlichen Rechten und Pflichten zu tun. Auf welche Weise soll man in unserer Epoche das Problem der Rechte auf seiten der Frauen reorganisieren? Nicht indem man ihnen zweitrangige Machtbefugnisse zugesteht, subjektive oder vielmehr auf sich bezogene Macht als Kompensation, einen mütterlichen Individualismus als Ersatz oder auch die Gewähr eines Pseudowohlergehens. Die Frauen hätten in der Öffentlichkeit das gleiche Recht auf Wohlbefinden, wie sie es im Privaten der Familie hatten. Wir wissen mittlerweile, welche Schrecken dieses Wohlbefinden in sich barg. Wir wissen, welcher privaten oder öffentlichen Gewalt die Fauen unter dem Schein eines leichteren Lebens ausgesetzt waren und ausgesetzt sind, unmittelbar oder durch Bilder, Symbole etc. mehr oder minder vermittelter Gewalt. Wohlbefinden, Leichtigkeit sind nur unter Einschränkungen möglich, unter Bedingungen, die nicht der Gewohnheit entsprechen. Persönlich habe ich sie in kollektiven Zusammenhängen selten angetroffen, auch nicht unter Frauen. Jeder geht es alles in allem um ihre Leidenschaften, um ihr Verlangen nach Macht, um ihren Narzißmus, ihre Launen, um ihre Grenzen. Diese Grenzen werden im übrigen durch zwei Momente akzentuiert:

- durch eine symbolische Ordnung, die den Frauen nicht angemessen ist;
- durch eine tiefe individuelle und kollektive Entfremdung der Frauen, die sie blind gegenüber sich selbst und den an-

deren macht, vor allem im öffentlichen oder halböffentlichen Verhalten.

Angesichts all dieser Schwierigkeiten scheinen mir die vordringlichsten Maßnahmen auf der Hand zu liegen:

- den Frauen müssen alle Bereiche der öffentlichen Meinungsäußerung offenstehen;
- es muß ihnen Arbeit und Lohn entsprechend ihrem Status als mündige Bürgerinnen gegeben werden;
- vor allem müssen ihnen Rechte verliehen werden, die es ihnen ermöglichen, der Entfremdung von Familie und Staat, der Männerwelt, aber insbesondere auch der möglicherweise von den anderen Frauen ausgehenden Entfremdung zu entgehen.

Die Frauen mit individuellen Rechten ausstatten bedeutet, jeder ihre Freiheit zuzuerkennen und ihr die Verantwortung für sie zu übertragen. Die Freiheit zu fordern ist richtig. Aber zu dieser Forderung muß eine verantwortungsbewußte gesellschaftliche oder staatsbürgerliche Reife hinzukommen. Die beste Art, diese Reife zu fördern, besteht darin, den Frauen ihnen angemessene Rechte zu verleihen und sie zu verpflichten, diese zu respektieren, sich zu respektieren.

Dieser rechtliche Schritt bedeutet einen realen historischen Wandel, nicht Schwankungen des Einflusses innerhalb unverändert bleibender Normen und Machtpositionen. Die Frauenbefreiungsbewegungen können ihre Aufgabe nur durch Inkraftsetzen von den Frauen angemessenen bürgerlichen Rechten erfüllen: Rechte, die ihre Beziehungen zu sich selbst, zu ihren Kindern, den Männern, aber auch den Frauen betreffen; objektive, sichtbare, verifizierbare Rechte; Rechte, die nicht insgeheim und auf mehr oder weniger belästigende Art ausgeübt werden, sondern deren Wirksamkeit durch einen Dritten garantiert wird: die bürgerliche Gesellschaft.

Diese Objektivität der bürgerlichen Rechte der Frauen müßte von einem Land hergestellt werden, aber sie müßte auch Gegenstand internationaler Konventionen sein. Lokale oder nationale Ghettos scheinen mir den Notwendigkeiten der heutigen Welt nicht angemessen zu sein, auch wenn es Aufgabe der Frauen bleibt, die lokalen Orte und Lebenszusammenhänge zu schützen. Das eine hindert das andere nicht. Ich will damit sagen, daß ein lokales oder nationales Recht der Frauen den rechtlichen Bedürfnissen aller Frauen unangemessen ist, Bedürfnissen, die für unsere Epoche neu bestimmt werden müssen. Zudem ist eine lokale oder nationale Machtposition international suspekt. Eine Kraft, deren Rationalität nicht über die Grenzen hinaus vermittelbar ist, entwickelt sich nicht ohne politisches Risiko. Das heißt natürlich nicht, daß nicht eine Nation die erste sein könnte, die grundlegende Veränderungen der bürgerlichen Ordnung verwirklicht. Es bedeutet, daß Reformen in bezug auf die geschlechtliche Identität potentiell für die ganze Welt Geltung haben müssen.

Politik betreiben heißt meiner Ansicht nach, den Rechten und Pflichten eines und einer jeden Achtung zu verschaffen, zumindest in demokratischen Gesellschaften. Eine solche Politik erzwingt das Inkraftsetzen eines neuen bürgerlichen Gesetzes, insbesondere hinsichtlich der Achtung des Personenrechts. Die Reden der Politiker, sofern sie sich nicht auf persönliche Rivalitäten reduzieren, sind meist manipulativ und leer, moralisierend und pathetisch geworden (vor allem in dem, was die Arbeiter, die Arbeitslosen, die jungen Leute, die Behinderten, die Dritte Welt angeht). Es geht in ihnen nicht mehr wirklich um Fragen des Regierens dieser Gesellschaft. Wenn ich heute Reden von Politikern höre, suche ich oft vergeblich nach dem, was ihren Inhalt ausmacht. Ich nehme in ihnen mehr oder weniger Kompetenz, Intelligenz, Unbewußtes wahr, aber sehr wenig von einer Logik, die eine Option für die gesellschaftliche Organisation begründen würde. Der Gipfel der Kunst in dieser Materie ist, sich als demokratischen Kandidaten ohne Programm wählen zulassen. Das zeugt möglicherweise von einer gewissen Kenntnis davon, was Übertragungsmechanismen sind. Aber was bedeutet es, sich als Person und nicht als Programm wählen zu lassen? Ich überlasse Ihnen die Wahl des Wortes oder des Urteils. Diesen karikaturistischen Fall gibt es tatsächlich. Er scheint mir Resultat der Beschränkung der Wählbaren auf die Hälfte der Wählenden. Die Männer zu wählen entspricht bereits dem Wählen einer Klasse von Personen, nicht des Inhalts politischer Programme. Der Rest ist lediglich Folge davon. Die Wahlreden belegen in den meisten Fällen den Willen der Männer, an der Macht zu bleiben. Aber weshalb wollen sie es? Das ist viel weniger klar. Wie mir befreundete Geschäftsleute während der letzten französischen Präsidentschaftswahl sagten: Warum tun sie sich all das an, wenn es darum geht, Dienste zu leisten? Oder was wollen sie?

Was in der Tat wollen sie? Manchmal frage ich mich, ob sie es selber genau wissen. Die Wähler und Wählerinnen lassen sie es jedenfalls nicht wissen. Die negativen und kritischen Vorgaben sind manchmal deutlich, andere sind nicht existent oder sehr konfus. »Ich will das Beste für mein Land«, behauptet der eine oder andere. Was ist der Sinn einer solchen Behauptung, und um welches objektive Vorhaben geht es in der betreffenden demokratischen Abstimmung? Um keines. Es geht nur darum, demjenigen die Treue zu schwören, von dem man annimmt, daß er die Dinge ad hoc regeln wird. Jeder weitere Gedanke an eine mögliche Zukunft, jedes Projekt, das über das bereits Bestehende oder die Kritik an der Vergangenheit hinausgeht, wird heutzutage unmittelbar als mystisch, utopisch, demagogisch abqualifiziert. Vor allem, wenn sie von einer Frau kommen? Wurde nicht noch kürzlich die Antigone auf diese Weise beschrieben – gegen jede Realität? Weiterhin wurde sie, wiederum gegen jede Realität, vor allem gegen jede historische Realität, mit der Schriftstellerin Simone Weil verglichen. Was nicht viel Sinn macht, es sei denn, es geht um einen modischen Effekt, möglicherweise auch des Buchhandels, dessen Opfer Antigone und Simone Weil Gefahr laufen zu werden.

Wir sind an einem solchen Konfusionspunkt angelangt, daß die geringste von gesundem Menschenverstand zeugende Aussage Aufruhr auslöst: zum Beispiel die Vorschläge oder Entscheidungen hinsichtlich der Abrüstung. Dennoch handelt es sich dabei nur um Präliminarien, die für die Verwaltung einer zivilen Gesellschaft unerläßlich sind. In der Zeit, in der wir leben, verlangt diese, daß die öffentlichen Beziehungen auf Reziprozität zwischen den Individuen beruhen. Es ist unangemessen, daß die einzige Vermittlungsinstanz der bürgerlichen Gesellschaft das Geld ist. Es ist unangemessen, daß die Beziehungen zwischen den Menschen immer konfliktgeladen und hierarchisch sind, und zwar aufgrund von Machtverhältnissen, die an den Besitz von Gütern und nicht an die Qualitäten und Erfahrungen der Menschen gebunden sind. Der Ort, auf dem diese undemokratische, zwangsläufig individualistische und konfliktgeladene soziale Montage errichtet ist, liegt in der Beziehung zwischen den Geschlechtern.

Die Kommunistische Partei Italiens zeigt ein gewisses Verständnis für diese im übrigen in der marxistischen Theorie enthaltenen Problemstellung. Ich hoffe, daß sie diesen Bewußtwerdungsprozeß in bezug auf das heute bestehende Ausbeutungsverhältnis zwischen den Geschlechtern, das den meisten, wenn nicht allen anderen Entfremdungen zugrundeliegt, realisiert oder durch legislative Projekte unterstützt. Dieser Weg würde den in dieser Partei Italiens traditionell vorhandenen Qualitäten entsprechen: dem Bemühen, das Ökonomische nicht vom Kulturellen zu trennen. Nur das erlaubt, kluge und auf friedliche Weise realisierbare Programme des gesellschaftlichen Wandels vorzuschlagen.

Das vergessene Geheimnis der weiblichen Genealogien

Syrakus, 31. März 1989
Palermo, 3. April 1989
Terno, 2. Juni 1989

In bestimmten alten, aber sehr entwickelten Traditionen ist es die Frau, die den Mann in die Liebe einführt. Diese Initiation besteht nicht aus einer Ansammlung von Tricks, um beim Mann eine elementare Kraft oder Potenz zu wecken, sie entspricht nicht einer durch die rudimentärsten männlichen Instinkte bestimmten weiblichen Verführung. Solche Prozeduren sind nur ärmliche Überbleibsel der Rolle der Frau in der Liebe. Die kommerzielle Welt der Pornographie will uns heute glauben machen, daß die Erotik sich darauf beschränkt, daß wir Menschen zu nichts anderem fähig sind. Die Erotik wäre für uns eine Droge, ein Vergessen unserer selbst, ein sich den männlichen Trieben Preisgeben für die Frauen, der »kleine Tod« für die Männer, Zerfall, Auslöschung etc.

Dieses Schema der Liebe wird noch von Freud theoretisiert. Und die intelligentesten Männer – manchmal Frauen – unserer Zeit halten daran fest, daß Eros Chaos, Nacht, Animalität, Schuld, Auslöschung sei, daß wir uns ihm aber unterwerfen müßten, um uns von unseren Spannungen zu befreien, uns ihrer zu entledigen, um uns zu »entladen« und zur Ruhe zurückzukehren.

Armer Eros! Arme Liebe! Um so mehr, als die heutige Kultur keinerlei Vorstellungskraft dazu entwickelt, daß wir uns in diesem Punkt täuschen oder wandeln könnten. Eros, das ist eben das, und was nicht das ist, ist Agape, die Liebe ohne Eros. Wenn ihr nicht fallen oder sündigen wollt, lebt enthaltsam. Wenn ihr akzeptiert zu fallen, könnt ihr diesen Fall verdecken oder ausgleichen, indem ihr ihn zur Fortpflanzung nutzt.

Wer sind wir geworden, daß wir so arm in der Liebe sind? Was allen möglichen pornographischen oder theologischen Komplexitäten übrigens keinen Abbruch tut. Den Trieben nach sind wir eingeschlechtlich. Das soll heißen, daß wir zu dem der Differenzierung von Menschen vorausgehenden Chaos zurückgekehrt sind und daß die Erotik darin einer Art blindem Trieb entspricht: nahezu permanent, unfähig, einen Rhythmus oder eine Harmonie zu finden, Formen anzunehmen oder zu verleihen, es sei denn in der Reproduktion. Wir sind zum primitiven, nach unserer Mythologie männlich-neutralen Chaos zurückgekehrt. Das einzige, was uns erlaubt, aus diesem undifferenzierten Abgrund emporzutauchen, ist die Manifestation von uns selbst in den Kindern, die wir hervorbringen. Unsere Anziehung, unsere Lieben, unsere Umarmungen wären wieder chaotisch geworden, diesseits der Individuation, unbestimmt, was unsere menschliche Erscheinung angeht. Wir wären in ihnen weder Männer noch Frauen, weil noch keine Männer und Frauen, noch im Abgrund eines undifferenziert Menschlichen, dem männlichen Pol des archaischsten Eros.

Beschreibt Freud nicht genau auf diese Weise die Libido? Männlich, bestenfalls neutral, also dem der Bestimmung der Menschen vor allem in ihrer geschlechtlichen Differenzierung vorausgehenden primitiven Chaos zugehörig.

In jener immer noch aktuellen historischen und/oder mythischen Epoche drängt Eros zur Paarung nur, um die Zahl der Nachkommen zu vervielfachen und um in ihnen klarer manifestierte Formen in Erscheinung treten zu lassen. Eros treibt das neutrale Chaos und Gaia, die Erde, zur Paarung, damit sie Abkömmlinge erzeugen, in denen sie ihre eigenen Formen entdecken.

Die ersten Abkömmlinge des männlichen Abgrunds sind Erebos und Nyx, die Nacht, dann Aither, der »leuchtend klare Himmel«, und Hemere, der Tag – zunächst als Raum, dann als Zeit. Von Gaia sind die ersten Abkömmlinge Uranos, der Himmel, und Pontos, das Meer; sie begrenzen und bestimmen sie als Erde, als weiblichen Pol im Verhältnis zu dem, was oder wen sie hervorbringt.

Indem Eros geschlechtlich noch wenig differenzierte Entitäten – Chaos und Gaia – zur Paarung zwingt, bringt er sie dazu, geschlechtlich differenzierte Wesen in die Welt zu setzen. Der Geschlechterunterschied tritt also über die empfangenen Kinder in Erscheinung. Aber der männliche Pol in diesen ersten Paarungen läßt die Geburt seiner Kinder nicht zu, weil sie ihn daran hindern würden, der einzige Liebhaber der Erde zu sein. Er läßt sie nicht aus dem Leib ihrer Mutter, wodurch sie große Schmerzen erleidet. Der jüngste Sohn, Kronos, kastriert daher den unersättlichen Liebhaber und mörderischen Vater. Er vollzieht diese Tat aus dem Inneren des Leibes seiner Mutter heraus, als Uranos sich ihr nähert. Das Blut aus dieser Kastration fällt auf die Erde, und daraus entstehen die Erinnyen, die Titanen und die Eschennymphen. Das Sperma treibt auf der Wasseroberfläche, da der Sohn das Geschlechtsteil ins Meer geworfen hat. Aus diesem Schaum geht Aphrodite hervor. Sie wird ein wenig nach Art der Fische gezeugt: außerhalb des mütterlichen Schoßes und ohne Paarung.

Nach Hesiod wird Aphrodite also im Meer durch das Sperma des Uranos erzeugt, nach anderen Versionen, insbesondere den Homerischen Hymnen, von Zeus und Dione. Dione, eine wenig bekannte Gottheit, hat die Rolle, mit Zeus, dessen weibliches Äquivalent sie ist, Aphrodite zu erzeugen.

Aphrodite wäre also in einer älteren und kosmogonischeren Tradition die Tochter des vom göttlichen Sperma des Uranos, des Himmels, befruchteten Meeres – ohne personifizierte Paarung. Sie wäre Tochter eines eher männlichen oder eines eher weiblichen, von Gaia hervorgebrachten kosmischen Pols, empfangen und getragen im flüssigen Element des Universums, außerhalb eines menschlichen Körpers.

Die Mythen sind, anders als gemeinhin gesagt wird, weder eindeutig noch zeitlos. Wie alle großen Gottheiten der Antike wird auch Aphrodite auf verschiedene Weise dargestellt. Eine spätere Version als die der Hesiodschen Kosmogonie (was nicht unbedingt heißt, daß sie nach jener geschrieben ist, selbst wenn ihre Darstellung in der zeitlichen Ordnung der Menschen dieser Welt später auftaucht) erklärt die Geburt der Aphrodite als die einer von Gott und Göttin gezeugten Tochter, eine Tochter der Götter der männlichen und weiblichen Götter also. Sie stellt möglicherweise in unserer Kultur ein einzigartiges Phänomen dar.

Aphrodite nimmt also einen sehr spezifischen Platz zwischen Natur, Göttern und menschlichen Manifestationen ein. Sie repräsentiert die Inkarnation der Liebe, die in ihren Formen – Mann und Frau – bereits geschlechtlich differenziert, aber dennoch dem Kosmos nahe ist. Es ist eine Frau, in der diese menschliche Liebe hervortritt. Entgegen dem, was man allgemein sagt oder glaubt, ist Aphrodite keine Figur oder Gottheit, die zur sexuellen Ausschweifung verleitet, sie stellt vielmehr die mögliche Spiritualisierung der blinden Triebe oder Instinkte durch Zärtlichkeit und Affektivität dar (vgl. zum Beispiel Hesiod, *Theogonie*, 205-206). Diese Qualitäten der Liebe stehen dem fleischlichen Akt nicht entgegen, im Gegenteil. Sie verleihen ihm seine menschliche Dimension. Im Griechischen wird das spezifische Attribut der Aphrodite durch *philótes*: Zärtlichkeit bezeichnet. Es geht also nicht um Agape ohne Eros, sondern um zwei in einer zugleich fleischlichen und geistigen Liebe Vereinigte.

Eine solche Definition der Liebe verlangt, daß die Geschlechter klar unterschieden sind, daß eine Distanz sie von einander und vom Kosmos trennt, daß sie weder auf eine konstante Kopulation reduziert werden noch auf eine Paarung, die nur die Fortpflanzung zum Ziel hat.

Aphrodite ist in ihrer Epoche die Inkarnation der Liebe, die zur Freiheit und zum Begehren der Menschen wird. Diese Inkarnation ist weiblich, sie stellt gewissermaßen die Kehrseite der Verführerin Eva dar. Sie ist die Heraufkunft des Geistes im Fleisch, insbesondere zwischen den Geschlechtern: dank der weiblichen *philótes* der Göttin.

Das setzt natürlich voraus, daß die Frau in ihren Gesten und Worten frei ist und daß sie diese Freiheit dazu gebraucht, unsere menschlichen Körper zu vergöttlichen, daß sie sie nicht in einen animalischen oder elementar-undifferenzierten Zustand zurückfallen läßt. Diese Erhöhung der Liebe zur menschlichen und göttlichen Identität ist unter dem Blickwinkel der Entstehung unserer Kultur Sache der Frau. Und wenn sie den Frauen genommen oder ihnen entfremdet wird, wenn ihre Göttlichkeit als Liebende in Vergessenheit gerät, werden aus der Liebe wieder Triebe an der Grenze zur Animalität, entkörperlichte Sublimierung (?) oder Tod.

Die Zerstörung oder das Vergessen der *philótes* in der Liebe führt zur Wiederherstellung einer Art primitiven Chaos', dessen mehr oder weniger neutrales Agens der männliche Instinkt ist, oder zu einem Jenseits der Verkörperung, der Umkehrung oder Verkehrung des primitiven Chaos in einen alleinigen männlichen Gott, der uns nicht mehr die Göttlichkeit der Liebe zwischen Frau und Mann lehrt.

Diese Verweisung, Verschiebung oder Ekstase des Chaos in ein Jenseits ohne wirkliche Sublimierung der Liebe zwischen den Menschen, läßt uns hinsichtlich der Differenz der Geschlechter und der Achtung der Natur als Mikro- und Makrokosmos ohne Gesetze. Die Fortpflanzung wird daher notwendig als Ausweg aus dem Chaos und als Unterbrechung eines immerwährenden Koitus.

In einer solchen Perspektive läßt sich begreifen, daß die Liebe als Schuld erscheint. Sie zerstört tatsächlich die menschliche Identität. Sie vernichtet den Körper und den Geist in einem Trieb zur andauernden und undifferenzierten Paarung, ohne Ruhe und Rast, ohne Intelligenz und Schönheit, ohne Achtung des lebendigen Menschen, ohne adäquate Vergöttlichung des Menschen. In der Unablässigkeit dieses Triebes werden die Rhythmen des natürlichen Wachstums vernichtet – insbesondere des Entstehens –, da es einem imperialistischen Männlich-Neutralen angehört, herausgerissen aus dem Raum-Zeit-Gefüge des irdischen Lebens.

Wir sind heute nicht weit entfernt von einem solchen primitiven Chaos. Und die Theorien Freuds decken einerseits auf, daß dieses Chaos am Werk ist, andererseits erhalten sie es. Die Libido, wie er sie faßt, ist diesen männlichen oder neutralen Trieben, wie sie die Geschichte der Mythen (die Geschichte in Form von Mythen?) als Manifestation der Sexualität des primitiven männlichen Pols, des Uranos, beschreibt, ähnlich.

Sicher, die Partialtriebe sollen die Fähigkeit zur Sublimierung haben. Das heißt, wir könnten zum Beispiel Theater spielen, um unsere exhibitionistischen oder voyeuristischen Bedürfnisse zu transformieren. Aber nichts würde uns erlauben, die genitalen Triebe, die, die eigentlich der sexuellen Differenz entsprechen, zu sublimieren. Die Fortpflanzung entspräche dem in religiöse und gesellschaftliche Pflicht transformierten Erhalten eines Heilmittels gegen das immer präsente Chaos.

Dieses Chaos könnte als Lebenstrieb bezeichnet werden, insofern als es Attraktion ohne Beziehung zur Individuation der Menschen ist, männliche oder neutrale Attraktion, ohne Zweifel bestimmt von einem Wunsch nach Rückkehr in den mütterlichen Schoß und nach ausschließlicher Inanspruchnahme der Fruchtbarkeit dieses Ortes, um die eigene Vitalität zu erhalten. Das Positivste der Liebe bliebe das Bedürfnis, in dieses Ganze zurückzukehren, ein Ganzes, das erzeugt, ohne den Körper und das Geschlecht des/der Erzeugenden zu achten. Das Negativste entspräche dem Bedürfnis zu zerstören – auch sich selbst, auch das Leben und den, der es gibt –, zu zerstören durch Destrukturierung jeder inneren Kohäsion, d.h. jede Einheit in ihre kleinsten Atome aufzulösen, ohne daß die Rückkehr zu einem Ganzen möglich wäre.

Sicher, das Negative der Todestriebe tritt deutlich genug zutage. Was wenig betont oder blindlings bestritten worden ist, ist die Destrukturierung, die in den Lebenstrieben selbst am Werk ist, insofern, als diese den anderen, insbesondere den anderen in der sexuellen Differenz nicht respektieren. Wenn Freud am Ende seines Lebens so pessimistisch hinsichtlich der Zukunft der Kultur war, wenn die Psychoanalyse in den privaten und kollektiven Beziehungen sehr problematische Wirkungen produziert hat, dann liegt der Grund darin, daß Freud eigentlich nur von der archaischen männlichen Sexualität spricht und daß er, da er sich an einen Pol der sexuellen Differenz hält, dazu gelangt, an dem Chaos eines primitiven Begehrens vor jeder menschlichen Verkörperung festzuhalten. Bei Freud ähnelt der Mann dem Uranos der griechischen Mythologie, der kein anderes Bedürfnis hat, als unablässig den Inzest zu praktizieren, und der aus diesen Paarungen keine Kinder will, nicht aus Tugendhaftigkeit, sondern aus Eifersucht, da diese Kinder die Schrankenlosigkeit seiner Macht und Unbegrenztheit seiner Attraktion einschränken würden. Der Abgrund entspricht hier also nicht dem weiblichen Geschlecht, sondern dem Mangel an Rhythmus und Harmonie im männlichen Begehren, das insbesondere jede Manifestation der Geschlechterdifferenz verweigert, um sich die Fruchtbarkeit des mütterlichen Körpers selbst anzueignen.

Getrieben vom Eros, taucht der Mann in das Chaos ein, weil er sich weigert, Liebe *mit* einer anderen zu machen, in der Liebe *zwei* zu sein, die sexuelle Anziehung mit Zärtlichkeit und Achtung zu durchleben. Die männliche Sexualität hat abermals die menschliche Individuation zerschlagen, insbesondere indem sie die Verantwortung über den Eros dem Mann und nicht der Frau – was nach der Tradition bedeutet: beiden – überträgt. Die im Abendland verbreitetste Sexualität, die von Freud beschriebene, von den geistigen Autoritäten verbotene oder mißbilligte, aber von den Medien und der Werbung ohne jede Sorge um die Menschen und ohne jede Beachtung einer kohärenten gesellschaftlichen Reglementierung ermutigte, entspricht einer elementaren männlichen Sexualität, die angeblich unwiderstehlich und für die Reproduktion der Gattung nützlich ist, einer Sexualität, die die *philótes* der Aphrodite zerstört hat.

Heute wird angenommen, daß es der Mann ist, der die Frau in die Liebe einführen soll, und daß er dies ohne Erziehung oder Bildung tun kann, so als wäre er, weil er ein Mann ist, kundig in der Liebe. Meistens ist es nicht viel, womit der Mann sie vertraut macht, außer mit einer Lust, die die Gesellschaft sich bemüht, ihr – ohne Mann – zu verbieten, um sie so dazu zu bringen, seinen Kult zu betreiben. Diese vom

Liebhaber offenbarte Lust entspricht den männlichen Instinkten und Trieben, bei denen es oft schwierig ist zu bestimmen, was sie an Menschlichem in sich bewahren (außer vielleicht das dunkle Bedürfnis des Mannes, in den mütterlichen Schoß zurückzukehren, wenn dies denn menschlich ist). Der Mann-Liebhaber zieht die Frau auf diese Weise in ein Vergessen ihrer selbst, in ein Auslöschen ihrer selbst, auch wenn ihr dieses Auslöschen Lust verschafft. Ich will damit sagen, daß die Einführung in die Liebe nichts sehr Subtiles oder Spirituelles hat (abgesehen von seltenen Ausnahmefällen) und daß sie den verschiedenen Qualitäten des Mannes und der Frau nicht Rechnung trägt, sie nicht zum Erblühen bringt. Es wird angenommen, daß Eros die Identität zerstört, nicht daß er sie verwirklicht. Es läuft immer darauf hinaus, auf eine Ökonomie des Begehrens vor der Geburt der Aphrodite zu regredieren, auf das von der Liebe getrennte Begehren, das uns zum Beispiel die Psychoanalytiker lehren.

Der Weg der wechselseitigen Liebe zwischen zwei Menschen ist verlorengegangen, besonders, was die Erotik angeht. Statt der Individuation, dem Schaffen oder Wiedererschaffen menschlicher Formen zu dienen, dient die Erotik der Zerstörung oder dem Identitätsverlust in der Verschmelzung und der Rückkehr zu einem Spannungsniveau, das immer das gleiche und möglichst niedrig ist, ohne Werden und ohne Wachsen. Eros könnte nur zu einer Art Nullpunkt, einer Art Gleichgewichtspunkt für den Mann zurückkehren; zu einer positiven Zukunft hier auf Erden wäre er nicht fähig.

Diese Konzeption der Liebe hat die Frauen zum Vergessen ihrer selbst geführt, zur kindlichen oder sklavenhaften Unterwerfung unter die männliche Sexualität und dazu, daß sie sich durch die Mutterschaft Trost für ihren Fall und ihr

Exil verschaffen. Diese Mutterschaft – von den geistlichen Oberhäuptern als die einzige mit Wert versehene Bestimmung der Frauen gefördert – bedeutet für die Frauen meistens, daß sie eine Genealogie patriarchalischen Typs fortführen, indem sie Kinder für den Ehemann, für den Staat, für die männlichen kulturellen Institutionen gebären; das hilft den Männern, aus einem unmittelbar inzestuösen Begehren herauszukommen. Auf einer verborgeneren Ebene stellt die Mutterschaft für die Frauen das einzige Mittel gegen die von den männlichen Instinkten in der Liebe aufgezwungene Verlorenheit oder Herabsetzung dar, und auch einen Weg, um mit ihrer Mutter und den anderen Frauen wieder Verbindung anzuknüpfen.

Wie sind wir dahin gekommen, wir alle und insbesondere wir Frauen? Einer der verlorengegangenen Kreuzpunkte unseres Frau-Werdens liegt in der Störung und Auslöschung der Beziehungen zu unserer Mutter und in dem Zwang, uns den Gesetzen der Männerwelt zu unterwerfen.

Die Zerstörung der weiblichen Genealogie, besonders in ihrer göttlichen Dimension, kommt in den griechischen Mythen und Tragödien auf vielfältige Weise zum Ausdruck. Es wird nicht mehr von der Mutter der Aphrodite gesprochen, Hera soll sie verdrängt haben, und Zeus bleibt der Gott mit den unzähligen Geliebten, aber ohne weibliches Äquivalent. Die Göttin Aphrodite hat daher gewissermaßen ihre Mutter verloren. Iphigenie wird von ihrer Mutter getrennt, um im Krieg gegen Troja als Opfer dargebracht zu werden. Während das Orakelwort ursprünglich von Mutter zu Tochter überging, wird es seit Apoll häufig dem Orakel von Delphi zugewiesen, was zwar immer noch einen Ort der Pythia darstellt, aber nicht der Beziehungen Mutter-Tochter. Die Treue der Antigone, ihr Festhalten an der mütterlichen Genealogie und deren Gesetzen, bestraft der Tyrann Kreon, ihr Onkel, mit dem Tode, um sich die Macht in der Polis zu sichern. Das Alte Testament spricht von keinem glücklichen Mutter-Tochter-Paar, und Eva kommt ohne Mutter zur Welt. Auch wenn eine Mutter Marias bekannt ist – Anna –, so stellt sie das Neue Testament doch niemals zusammen dar, insbesondere nicht zum Zeitpunkt der Empfängnis Jesu. Es ist Elisabeth, die Maria aufsucht, und nicht Anna, es sei denn, man folgt einer Interpretation Leonardo da Vincis, nach der Elisabeth Anna ist. Die Trennung Marias von ihrer Mutter für eine Heirat mit dem Herrn entspricht mehr der Tradition, die nunmehr seit einigen Jahrhunderten zutage tritt.

Das schönste Beispiel für das Werden der Mutter-Tochter-Beziehung wird möglicherweise durch die mit Demeter und Kore verbundenen Mythen und Riten illustriert. Ich nehme an, daß Sie alle diese Mythen ein wenig kennen. Sie leben an einem Ort, der Spuren, Erinnerung daran bewahrt. Wie fast immer gibt es von diesen Mythen mehrere Versionen. Das bedeutet, daß sie in verschiedenen Epochen und in verschiedenen Regionen aufgetaucht sind.

Die meisten Mythen des archaischen Griechenlands sind asiatischen oder unbekannten Ursprungs. Das gilt auch für die mit Aphrodite, Demeter und Kore-Persephone verbundenen Mythen. Ihre Verbreitung muß als Effekt von Migrationen in verschiedenen Regionen, wo sie mehr oder weniger genau adaptiert wurden, und als Effekt historischer Entwicklungsprozesse verstanden werden. Denn der Mythos entspricht nicht einer von der *Geschichte* unabhängigen Erzählung, vielmehr drückt er diese in imaginierten Erzählungen aus, die die großen Tendenzen einer Epoche illustrieren. Diese zeitliche Ausdrucksform der *Geschichte* hängt damit zusammen, daß in jener Zeit das Wort und die Kunst nicht getrennt waren. Sie bewahrten daher einen besonderen Bezug zum Raum, zur Zeit und zur Manifestation von Verkörperungsformen. Der mythische Ausdruck der *Geschichte* ist enger mit den weiblichen und matrilinearen Traditionen verbunden.

In den Mythen, die die Beziehungen zwischen Müttern und Töchtern betreffen, und denen, die sich auf die Göttin als Liebende und die Götterpaare beziehen, sind der Bericht, die Inszenierung oder Interpretation durch die sich durchsetzende patriarchalische Kultur mehr oder weniger maskiert, travestiert. Diese Kultur hat – möglicherweise aus Unkenntnis oder unbewußt – die Spuren einer ihr vorangehenden oder mit ihr gleichzeitigen Kultur ausgelöscht. So sind viele Skulpturen zerstört oder vergraben worden, Riten sind aus den Traditionen beseitigt oder in patriarchalische Riten umgewandelt, Mythen oder Mysterien in patriarchalischer Sichtweise oder als Vorgeschichte des Patriarchats gedeutet worden.

Das gilt auch für die Mythen um Demeter und Kore-Persephone. Mir scheint, es hat zumindest zwei verschiedene Versionen davon gegeben. In einer Version wird die Tochter Demeters von dem Gott des Schattens, des Dunkels, der Unterwelt, geraubt und anschließend gegen ihren Willen von ihm verführt, damit sie nicht endgültig zu ihrer Mutter zurückkehren kann. Als sie das erste Mal von Hades – von Homer auch Erebos oder Adonis genannt – entführt wird, betrachtet sie zusammen mit anderen Mädchen Frühlingsblumen, und in dem Moment, in dem sie die Hände nach einer Narzisse ausstreckt, öffnet sich die Erde und der Herr der Unterwelt nimmt sie mit sich. Er hat sie noch nicht zu seiner Frau gemacht, als Hermes, von Zeus geschickt, sie auf Verlangen Demeters, ihrer Mutter, die aus Kummer die Erde hat unfruchtbar werden lassen, kommt, um sie zurückzuholen. Der Gott der Unterwelt kann nur gehorchen, aber hinter dem Rücken von Hermes macht er Persephone ein vergiftetes Geschenk: Er gibt ihr Granatapfelkerne zu essen. Wer aber ein Geschenk des Herrn der Unterwelt annimmt, ist seine Geisel geworden.

Diese Version ist die der Homerischen Hymnen. In anderen, späteren Versionen oder Interpretationen kommt es dazu, daß Kore-Persephone selbst mehr oder weniger für ihr Schicksal verantwortlich gemacht wird. Sie wird der verführenden Eva angenähert, die den Fall des Mannes bewirkt. Aber die Geschichte von Demeter und Kore-Persephone ist so schrecklich und so exemplarisch, daß es begreiflich ist, daß die partriarchalische Epoche die Verantwortung für diese Verbrechen der verführenden Frau selber zuschreiben will.

Die einzige Schuld Kore-Persephones wäre, daß sie die Hände ausstreckt, um eine Narzisse zu pflücken. Sicher, es ist besser, die Blumen mit ihren Wurzeln in der Erde zu lassen und sie nicht zu pflücken, besonders im Frühling. Aber eine Blume pflücken, selbst wenn diese Blume eine wunderbare Narzisse ist: soll das als Strafe für das Mädchen nach sich ziehen, daß es in die Unterwelt entführt wird?

Was immer die Gründe sind, die herangezogen werden, um Kore-Persephone schuldig zu sprechen, es ist offensichtlich, daß ihr Schicksal sich zwischen Göttern-Männern abspielt. Jupiter, Poseidon und Hades müssen sich den Himmel, die Meere und die Unterwelt teilen. Die Episode des Raubs der Kore-Persephone betrifft einen Machtkonflikt zwischen Zeus und Hades, zwei Brüder verschiedener Abkunft, die sich auf Grund ihrer genealogischen Zugehörigkeit nicht begegnen und nicht sehen können. Zeus ist ein Nachkomme der Gaia, Hades ein Abkömmling des Chaos. Zeus ist ein Kind des weiblichen Pols, empfangen mit einem der ersten Söhne; Hades oder Erebos ist ein Sprößling des anfänglichen Chaos oder des männlichen Pols des Ursprungs der Welt. Zeus will den Platz des Gottes der Götter erringen, gegen den Willen der infernalen männlichen Kräfte, die ihn als Individuum, das differenzierter ist als Chaos, vernichten wollen. Er hat die Absicht, das anfängliche Chaos in männliche, göttliche Allmacht umzuwandeln.

Für dieses Unterfangen gibt Jupiter, der Vater Kore-Persephones, seine Tochter dem Hades zur Ehefrau, der sie aber dennoch raubt und vergewaltigt. Diese Episode, wie viele andere auch, spielt sich zu der Zeit ab, als die Matrilinearität von der Patrilinearität abgelöst wurde. Jupiter setzt die Jungfräulichkeit seiner Tochter als Pfand für die Bestätigung seiner männlichen Allmacht ein. Sein Vater wollte nicht, daß er als geschlechtlich differenzierte menschliche Manifestation geboren wird; er aber akzeptiert, die Jungfräulichkeit seiner Tochter, ihre weibliche Identität preiszugeben, um seine Anerkennung als Gott über die olympischen Götter sicherzustellen. Um in den Augen aller als der gute Gott zu gelten, akzeptiert er, seine Tochter dem Gott der Unterwelt zur Ehefrau zu geben. Dieser Handel wird ohne Zustimmung der Tochter oder der Mutter realisiert. Zwei Dinge sind es, die auf diese Weise der Machtetablierung von Zeus geopfert werden: die Jungfräulichkeit der Kore-Persephone und die Liebe zwischen Demeter und ihrer Tochter. Tatsächlich hatte Jupiter nicht das Recht, Tochter und Mutter auf diese Weise zu gebrauchen. Demeter wird versuchen, ihm das begreiflich zu machen, aber Kore-Persephone wird nicht mehr wagen, zu ihm zu sprechen, außer in Form eines Hilferufs. Als Jupiter seine Tochter ihrer Jungfräulichkeit beraubte – der Einsatz im Tauschhandel mit Hades –, hat er zugleich den Austausch der Worte zwischen ihr und ihm unterbrochen.

Dieses Opfer der Jungfräulichkeit Kore-Persephones und

zugleich ihrer Sprachfähigkeit, auch in den Beziehungen zu ihrer Mutter, scheint zu manifestieren, daß Jupiter der Zugang zur vollkommenen Menschlichkeit und Göttlichkeit seiner männlichen Identität noch versperrt ist. Aber diese Unvollkommenheit hat er auf Hades übertragen, abgesehen davon, daß er fortfährt, den Inzest zu praktizieren und zahlreiche Geliebte zu haben, was eine nicht gelungene Menschwerdung in einem Körper anzeigt.

Sich als Souverän in der Höhe zu bestätigen, erschafft oder erhält einen Souverän in der Tiefe. Jupiter verdoppelt den Himmel und muß daher auch die Erde verdoppeln. Entsprechend der patriarchalischen Hierarchie von Menschen und Göttern steht Jupiter höher im Zugang zum Himmlischen als Uranos, aber dieses Höhere impliziert auch ein Niedrigeres. Dem Souverän Zeus entspricht der Hades der Unterwelt. Diese beiden können sich weder sehen noch begegnen. Der Gott in der Höhe wird der Glänzende, der Strahlende, aber auch der Donnernde, der Gott des Blitzstrahls, der gewaltsamen Beziehungen zwischen Himmel und Erde sein, der Gott der Tiefe dagegen als Gott der in eine Unterwelt, in Nebel, in einen Abgrund verwandelten Undifferenziertheit. Diese infernalische Macht im Reich der männlichen Götter, dieser Gott des Unsichtbaren wird ein Dieb, ein Vergewaltiger sein, der schwarze Mann, vor dem alle kleinen Mädchen Angst haben. Ist das nicht das finstere Doppel des Jupiters? Nicht die dunkle Seite der Souveränität? Die Unterseite oder Unterwelt ihrer absoluten Macht ohne zärtliches Teilen mit dem anderen Geschlecht? Entspricht dieser Hades nicht der dunklen Kehrseite und, in unserer heutigen Sprache, dem chaotischen Unbewußten ihres Glanzes?

Der schwarze Mann also holt das kleine oder heranwachsende Mädchen. Er bringt die Finsternis über sie. Er nimmt sie in sein Reich unter der Erde. Sie verweigert sich ihrem Liebhaber.

Während er sie in die Unterwelt hinabzieht, schreit sie, aber niemand hört sie, weder ihre Mutter noch ihr Vater Zeus. Die Sonne, so sagt man, hört das junge Mädchen und vielleicht Hekate, wenn es nicht die Sonne ist, die dieser den Raub der Kore-Persephone mitteilt.

Hekate ist es, die nach zehn Tagen Demeter sagen wird, wo ihre Tochter ist. Sie enthüllt ihr auch, daß die Entführung mit dem Einverständnis von Zeus, dem Ehemann der einen, dem Vater der anderen, stattgefunden hat. Demeter empört sich nun gegen die Götter. Sie verläßt den Olymp und begibt sich zu den Menschen. Voller Trauer sucht sie sich zu trösten, indem sie Amme eines anderen Kindes wird. Ohne ihre Identität zu enthüllen, bietet sie ihre Dienste in einem Hause an, wo eine Frau mit einem unerwarteten Nachkömmling niedergekommen ist, einem späten Sohn, vielleicht dem Sohn eines Gottes, einem Sohn von Zeus. Ihr Anerbieten wird angenommen.

Es ist ein kleiner Junge, der ihr an Stelle ihrer Tochter anvertraut wird. Und eine Zeitlang gibt sie sich damit zufrieden. Aber sie hat Pläne mit diesem Kind. Sie will aus ihm einen Unsterblichen machen. Sie zieht es daher auf merkwürdige Art auf: sie nährt es nicht, aber reibt es mit Ambrosia ein, bläst es an, während sie es an ihr Herz drückt, und hält es in der Nacht ins Feuer. Auf diese Weise scheint man einen Unsterblichen zu machen. Das Kind gedeiht und gleicht tatsächlich einem Gott. Aber seine Mutter beobachtet Demeter heimlich und sieht die Behandlung, die diese dem Kind zuteil werden läßt. Demeter, die über das geringe Vertrauen dieser Sterblichen verärgert ist, läßt den Säugling fallen, setzt ihn auf den Boden und entscheidet sich, ihre Dienste in diesem Hause aufzugeben. Sie gibt sich zu erkennen und verlangt von dem Ehemann Entschädigung für die ihr angetane Beleidigung.

Sie verlangt, daß für sie in Eleusis ein Heiligtum errichtet wird. Dem wird entsprochen. Demeter zieht sich dorthin zurück und denkt nur noch an ihre Tochter. Ihre Trauer bewirkt die Unfruchtbarkeit der Erde, was bedeutet: keine Nahrung mehr für die Sterblichen, daher keine Sterblichen mehr, die die Götter ehren.

Nach einem Jahr des Hungers wird Zeus unruhig. Er versucht Demeter in ihrer Entscheidung zu erweichen. Er schickt ihr als Friedensboten zunächst Iris, dann alle Götter, die es gibt; sie bringen ihr wunderbare Geschenke und bieten ihr alle Prvilegien an, die sie möchte. Aber Demeter akzeptiert nichts. Sie will das Antlitz ihrer Tochter wiedersehen. Halten wir dabei fest, daß sie sich in ihrem Schmerz nie an ihre Mutter wendet. Wie Kore-Persephone, wie Iphigenie, wie Antigone, wie Maria und wie Eva haben diese Frauen keine Mutter mehr, der sie sich anvertrauen können. Die weibliche Genealogie ist bereits unterbrochen.

Die Geschichte der Kore-Persephone enthüllt, daß die Tochter nicht für sie verantwortlich ist. Die Mutter wäre es ein wenig mehr; sie beginnt, sich über das Verschwinden der Tochter hinwegzutrösten, indem sie Amme eines männlichen Kindes wird. Aber das Annehmen dieses Ersatzes entspricht auch einer Rache. Ein Gott hat ihr die Tochter geraubt, sie verzichtet darauf, weiter mit den Unsterblichen zu leben, und will ihnen einen Sterblichen als Gott aufzwingen. Als diese Lösung scheitert, lehnt sie jedes Angebot ab, das von dem Gott der Götter kommt, es sei denn, er gibt ihr ihre Tochter wieder. Zeus begreift, daß es keine andere Möglichkeit gibt, um die Sterblichen und die Unsterblichen zu retten. Er schickt Hermes in den Erebos, damit er Persephone suche. Und Hades muß gehorchen. Aber er wendet noch eine List an, um die Herrschaft zu bewahren: Er bringt Persephone dazu, einen Granatapfelkern zu essen; das macht sie, ohne ihr Wissen, zur Geisel der Unterwelt.

Mutter und Tochter finden sich glücklich wieder. Demeter verlangt von Persephone, daß sie ihr alles, was ihr widerfahren ist, erzähle. Und diese berichtet ihr, indem sie mit dem Ende beginnt. Sie geht gewissermaßen die Zeit zurück, so wie es heute jede Frau tun muß, die versucht, die Spuren der Trennung von ihrer Mutter wiederzufinden. Das ist es, wozu ihr der psychoanalytische Weg dienen müßte: den Faden ihres Eintritts und, wenn möglich, ihres Verlassens der Unterwelt wiederzufinden.

Aber kehren wir zu dem Wiedersehen von Demeter und Persephone zurück. Sie verbringen den ganzen Tag damit, ihre Herzen zu vereinigen, einander zu trösten, sich ihre Freude zu beweisen. Hekate gesellt sich zu ihnen und sie wird ab dieser Zeit einen wichtigen Platz in den mit Kore-Persephone verbundenen Mysterien einnehmen. Insbesondere folgt sie dieser bei ihrem Abstieg in die Unterwelt und geht ihr bei ihrer Rückkehr auf die Erde voran.

Das vergiftete Geschenk, das Persephone von Hades angenommen hat, scheint tatsächlich auszureichen, daß sie ihm zumindest ein Drittel des Jahres unterworfen bleibt: in der kalten Jahreszeit. Ebenso, und anders, wird das Essen eines Apfels genügen, um aus dem irdischen Paradies verbannt zu werden. Zu jenem Zeitpunkt allerdings war das Verbot vor dem Vergehen klar ausgesprochen; dies ist bei Kore-Persephone nicht der Fall. Aber es geht immer um ein wenig ähnliche Geschichten von Fallen und Tabus, die Blumen und Früchte betreffen und für die mal der Herr der Finsternis die klare Verantwortung trägt, mal die Schuld einer Frau aufgebürdet wird. Es stimmt, daß Eva keine Frau mehr ist, da sie aus der Seite Adams genommen ist. Eva ist nur

Teil Adams, ohne Mutter geschaffen, was für Kore-Persephone nicht zutrifft, die Göttin, Tochter einer Göttin, eines Götterpaares ist. Das Band zwischen Menschen und Göttern, zwischen Menschlichkeit und Göttlichkeit ist also noch nicht durchtrennt. Es wirkt einmal in die eine Richtung, einmal in die andere, mit merkwürdigen Prüfungen und Listen, seltsamen Verboten, die den Frauen aufgezwungen werden, um eine Genealogie und Theologie patriarchalischer Abkunft herzustellen.

All diese Codes entgehen dem kleinen Mädchen. Wenn sie sich irrt, trifft nicht sie die Entscheidung. Sie ist in vertragsgebundenen oder nicht vertragsgebundenen Abkommen zwischen Männern, zwischen Männern und männlichen Göttern gefangen. Nach deren Übereinkünften müßte sie alles, was von den Männern und den Göttern kommt, zurückweisen, um nicht durch einen Irrtum verführt zu werden. Sie müßte sich radikal abseits halten von dem Volk der Männer, von den Verträgen, den Beziehungen zwischen Männern, um zu verhindern, daß ihre Jungfräulichkeit ein Punkt von Machenschaften zwischen ihnen wird. Sie müßte sich daran erinnern, daß die Jungfräulichkeit das Verhältnis bezeichnet, das sie selbst zu ihrer physischen und moralischen Integrität hat, und daß sie nicht der Preis einer Ware zwischen Männern ist. Sie müßte lernen, sich für sich selbst zu bewahren, für ihre Götter und ihre Gesetze, für die Liebe, zu der sie fähig ist, wenn sie nicht aus sich herausgerissen, geraubt, vergewaltigt, der Freiheit der Gesten, der Worte, der Gedanken beraubt wird. Natürlich muß diese Freiheit real und nicht befohlen sein; die Freiheit, entsprechend den männlichen Instinkten zu verführen oder die Gleichberechtigung innerhalb einer eingeschlechtlichen männlichen Ordnung zu erlangen, ist nur eine oberflächliche Freiheit, die die Frau bereits sich selbst entfremdet, ihr bereits jede spezifische

Identität geraubt hat. Sie ist dann nur noch eine Art Hampelmann oder ein bewegliches Objekt, darauf reduziert, elementaren Trieben mit passiven Zielen unterworfen zu sein. Sie bildet sich ein, von einem Mann »geküßt« werden zu müssen, sie leidet an einem elementaren Bedürfnis oraler Art (das teilweise eine umgekehrte, aus dem männlichen Begehren rührende Projektion ist), schreibt Freud mit großer Sachkenntnis, aber ohne daran zu denken, daß dieses Bedürfnis ein Effekt der Unterwerfung der Frau unter die männlichen Instinkte sein könnte. Dieses Bedürfnis wäre eine Art Überbleibsel des anfänglichen Chaos, das das männliche Begehren im Schoß der Erde geöffnet hat.

Dieses Chaos ist in der Tat immer da. Es manifestiert sich in der Triebökonomie der Libido ohne Genitalität, einer Ökonomie, in der die Frau gefangen ist. Der eine – er – bleibt in der inzestuösen Regression und in der analen Besessenheit, die andere – sie – ist auf ein Betteln oraler Art reduziert. Die Frau hätte immer Hunger nach ihm, ohne Rückkehr zu sich selbst. Sie hätte zwangsläufig Hunger durch den Abgrund, den er in ihr geöffnet hat; sie wäre krank vor Hunger, einem unstillbaren Hunger, da es nicht ihr Hunger wäre, sondern der Abgrund in ihr, den der natürliche und erworbene Hunger des anderen erzeugt.

All das könnte nicht geschehen, wenn sie nicht von ihrer Mutter, von der Erde, von ihrer Erde und ihrer Ordnung getrennt wäre. Das ist die Ausgangsschuld, die die Frau zur Verführerin auf dem Boden eines Abgrunds macht. Aber warum hat man sie ihrer Mutter geraubt? Warum hat man die weiblichen Genealogien zerstört? Um eine Ordnung zu schaffen, nach der der Mann verlangte, aber die noch nicht einer Ordnung der Achtung und der Fruchtbarkeit der sexuellen Differenz entspricht.

Um wieder eine Ethik der sexuellen Differenz möglich zu

machen, muß man das Band der weiblichen Genealogien neu knüpfen. Viele denken oder glauben, daß wir über die Mutter-Tochter-Beziehungen nichts wissen. Das ist die Position Freuds, der behauptet, daß man über diesen Punkt eine andere, ausgelöschte Kultur befragen muß, eine Kultur, die noch vor der griechischen liegt. Das ist historisch richtig, aber diese Einsicht hindert Freud nicht daran, die Notwendigkeit der Abwendung der Tochter von der Mutter, des Hasses zwischen ihnen, ohne Sublimierungsmöglichkeit der weiblichen Identität, vorzuschreiben und als Theorie zu formulieren: damit sie in das Begehren und das Gesetz des Vaters eintritt. Das ist unankzeptabel. Freud verhält sich hier gegenüber allen Frauen wie der Herr der Finsternis. Er zieht sie in den Schatten und in die Trennung von ihrer Mutter und von sich selbst, um eine Männerkultur zu errichten: auf der Ebene des Rechts, der Religion, der Sprache, der Wahrheit und der Vernunft. Damit das noch unberührte Mädchen Frau wird, muß sie sich einer Kultur unterwerfen, insbesondere in der Liebe, die für sie den Hades darstellt. Sie soll ihre Kindheit, ihre Mutter vergessen, sie soll sich in ihrer Beziehung zur *philótes* der Aphrodite vergessen.

Wenn die Vernunft der *Geschichte* darin liegt, daß wir uns an alles, was stattgefunden hat, erinnern und ihm Rechnung tragen, ist es notwendig, die Interpretation des Vergessens der weiblichen Genealogien in die *Geschichte* eintreten zu lassen und ihre Ordnung wiederzuerrichten.

Die Rechtfertigungen, die für die Interruption der Liebe zwischen Mutter und Tochter gegeben werden, besagen, daß diese Beziehung zu verschmelzend sei. So lehrt uns die Psychoanalyse, daß die Substitution der Mutter durch den Vater unerläßlich sei, um die Möglichkeit einer Distanz zwischen Mutter und Tochter zu schaffen. Das ist keineswegs der Fall. Es ist die Mutter-Sohn-Beziehung, die verschmelzend ist, da der Sohn nicht weiß, wie er sich derjenigen gegenüber situieren soll, die ihn hervorgebracht hat, ohne daß eine Reziprozität möglich wäre. Er kann in sich nicht empfangen. Er kann sich nur künstlich mit derjenigen identifizieren, die ihn empfangen hat. Um sich von seiner Mutter zu trennen, muß der Mann sich daher alle Arten von Objekten, einschließlich transzendentaler – Götter, Wahrheit –, schaffen, um diese unlösbare Beziehung zwischen der, die ihn in sich getragen hat, und ihm zu lösen.

Die Situation ist anders für das Mädchen; sie ist potentiell Mutter und kann mit ihrer Mutter zusammenleben, ohne eine von beiden zu zerstören und ohne Vermittlung über spezifische Objekte. Die Natur ist für sie (beide) ein bevorzugtes Milieu; die Erde ist ihr Ort. In dieser immer fruchtbaren Umgebung koexistieren Mutter und Tochter voller Glück. Wie die Natur sind auch sie fruchtbar und nährend, was nicht hindert, daß sie unter einander menschliche Beziehungen unterhalten. Diese Beziehungen laufen über die Herstellung weiblicher Genealogien, aber nicht allein darüber. So stellen die Worte (paroles) des Mädchens an die Mutter vielleicht die entwickeltsten und ethischsten Sprachmodelle dar, in dem Sinne, daß sie die intersubjektiven Beziehungen zwischen den beiden Frauen achten, daß sie die Realität ausdrücken, daß sie die sprachlichen Codes korrekt verwenden, daß sie qualitativ reich sind. Der Schulbesuch, die soziale Welt der Männer, die patriarchalische Kultur haben für das kleine Mädchen die gleiche Wirkung wie der Hades für Kore-Persephone. Die Rechtfertigungen, die angeführt werden, um diesen Tatbestand zu erklären, sind fehlerhaft. Die Spuren der Geschichte der Beziehung zwischen Demeter und Kore-Persephone lehren es uns besser. Das kleine Mädchen wird seiner Mutter wegen eines Vertrages zwischen Göttern-Männern geraubt. Der Raub der Tochter der großen Göttin dient der Errichtung der Macht der männlichen Götter und der Organisierung der patriarchalischen Gesellschaft. Aber dieser Raub ist eine Vergewaltigung, eine Ehe ohne Einwilligung der Tochter oder der Mutter, eine Aneignung der Jungfräulichkeit des Mädchens durch den Gott der Unterwelt. Er ist verbunden mit einem dem Mädchen und der Frau auferlegten Sprechverbot, mit ihrem Abstieg in das Nicht-Sichtbare, das Vergessen, den Identitätsverlust und die geistige Unfruchtbarkeit.

Das Patriarchat ist gegründet auf dem Raub und der Verletzung der Jungfräulichkeit des Mädchens und ihrer Nutzung für einen Handel zwischen Männern, auch auf religiöser Ebene. Dieser Handel läuft über die Geldzirkulation, aber auch über den Tausch von Grund und Boden und über den Einsatz symbolischer und narzißtischer Macht. Auf dieser Ursprungsschuld errichtet das Patriarchat seinen Himmel und seine Unterwelt. Dem Mädchen zwingt es Schweigen auf. Es hat ihren Körper von ihrer Sprache, ihre Lust von ihrem Sprechen getrennt. Es zieht sie in die Welt der männlichen Triebe, eine Welt, in der sie unsichtbar und blind für sich selbst, für ihre Mutter, für die anderen Frauen geworden ist, selbst für die Männer, die sie vielleicht so wollen. Das Patriarchat hat auf diese Weise den kostbarsten Ort der Liebe und ihrer Fruchtbarkeit zerstört: die Beziehung zwischen Mutter und Tochter, deren Geheimnis das kleine unberührte Mädchen wahrt. Diese Beziehung trennt die Liebe nicht vom Begehren, den Himmel nicht von der Erde, und sie kennt keine Unterwelt. Diese erscheint als Resultat einer Kultur, die das Glück auf der Erde zerstört hat, indem sie die Liebe, einschließlich der göttlichen, in ein Jenseits unserer gegenwärtigen Beziehungen verweist.

Um wieder eine grundlegende soziale Gerechtigkeit herzustellen, um die Erde vor einer totalen Unterwerfung unter männliche Werte zu retten (die oft die Gewalt, die Macht, das Geld favorisieren), ist es notwendig, diesen Pfeiler wieder aufzurichten, der in unserer Kultur fehlt: die Mutter-Tochter-Beziehung und die Achtung der weiblichen Rede und der weiblichen Jungfräulichkeit. Dazu bedarf es einer Veränderung der symbolischen Codes, insbesondere der Sprache, des Rechts, der Religion.

Zeitplan der Vorträge

Eine Chance zu leben, Tirrenia, 22. Juli 1986

Wie werden Frauen Bürgerinnen?, Rom, 8. April 1988

Bürgerliche Rechte und Pflichten für beide Geschlechter, Florenz, 10. September 1988

Das vergessene Geheimnis der weiblichen Genealogien, Syrakus, Palermo, Terno, 31. März, 3. April und 2. Juni 1989